JAKOB
AUGSTEIN

NIKOLAUS
BLOME

OBEN UND UNTEN

JAKOB
AUGSTEIN

NIKOLAUS
BLOME

OBEN UND UNTEN

Abstieg, Armut, Ausländer –
was Deutschland spaltet

Deutsche Verlags-Anstalt

Sollte diese Publikation Links auf Webseiten Dritter enthalten, so übernehmen wir für deren Inhalte keine Haftung, da wir uns diese nicht zu eigen machen, sondern lediglich auf deren Stand zum Zeitpunkt der Erstveröffentlichung verweisen.

MIX
Papier aus verantwortungsvollen Quellen
FSC® C014496

Verlagsgruppe Random House FSC® N001967

1. Auflage

Neumarkter Straße 28, 81673 München
Umschlaggestaltung: total italic, Thierry Wijnberg (Amsterdam/Berlin)
Typografie und Satz: Buch-Werkstatt GmbH, Bad Aibling
Gesetzt aus der Adobe Garamond Pro
Druck und Bindung: GGP Media GmbH, Pößneck
Printed in Germany
ISBN 978-3-421-04826-4

www.dva.de

Dieses Buch ist auch als E-Book erhältlich.

INHALT

EINLEITUNG

Die soziale Frage ist zurück. Aber anders. Zum ersten Mal seit Jahrzehnten machen sich die Abgehängten und die Vergessenen ernsthaft bemerkbar: die, die sich nur so fühlen, und die, die es tatsächlich sind. Sie haben nicht viel gemein, aber gemeinsam haben sie Macht: Sie haben Großbritannien aus der EU gewählt und Donald Trump ins Weiße Haus. Sie haben Frankreichs und Italiens Traditionsparteien atomisiert, in Österreich eine rechtsnationale Koalition unter dem Anführer einer »Bewegung« ins Amt gebracht und die AfD vermutlich für lange Zeit in den Deutschen Bundestag. Ja, man kann sogar sagen, dass sie das Ende der schier unendlichen Ära Angela Merkels eingeläutet haben.

Die Ängste und Wünsche dieser Menschen handeln von sozialer Gerechtigkeit, aber, und das ist neu, auch von nationaler Identität. Oben und Unten ist heute mehr als der alte Streit um Hartz IV, Mindestlohn oder Vermögensteuer. Es ist ebenso der Streit darum, was deutsch ist, wer nicht – und warum nicht.

Es gibt, passend dazu, eine neue Zeitgeist-Analyse, nach der die Teilung der politischen Lager in links und rechts ein Phänomen der Vergangenheit ist. Es heißt, die neuen Trennungslinien verliefen zwischen »global« und »national« oder »liberal« und »identitär«. Von neuen Bruchlinien ist da die Rede, die sich ins politische System schieben. Es gebe einen neuen Konflikt zwischen dem Globalen, lebensweltlich Pluralen, Kosmopolitischen auf der einen Seite und dem Nationalen, Begrenzten, Gemeinschaftsorientierten auf der anderen.

Richtig ist: Die Frage »Wer gehört dazu?« ist inzwischen genauso wichtig wie die alte Frage: »Wer hat was?« Aber welche

Rolle spielt der neue Konflikt zwischen »deutsch« und »fremd« bei jenen Debatten, die sich so lange und so klar von »links« oder »rechts« verhandeln ließen: die nach gerechten Steuergesetzen zum Beispiel, nach Armut oder nach der sozialen Durchlässigkeit der Gesellschaft? Dieser Frage will unser Buch nachgehen.

Wir haben schon einmal ein Buch gemeinsam gemacht: *Links oder rechts? Antworten auf die Fragen der Deutschen*. Dies hier ist der nächste Schritt. Das alte politische Koordinatensystem hat zwar nicht ausgedient: Ein schärferer Kontrast zwischen beiden Lagern würde sogar dazu beitragen, das Land zusammenzuhalten, indem er die extremen Ränder schwächt. Aber die politischen Umbrüche und Personalwechsel in unserem Land, seine innere Unruhe, lassen sich allein entlang des Schemas links oder rechts weder beschreiben noch erklären. Es braucht mehr dazu.

Wie aber sind Begriffe wie links und rechts, oben und unten heute sinnvoll mit Bedeutung zu füllen, wie verhalten sie sich zueinander – und wie toxisch ist ihre Vermengung für uns alle? Gehören die sozial Ausgegrenzten ebenso zum neuen Unten wie diejenigen, die als Fremde ins Land kommen, und jene, die sich in ihrer Heimat und kulturellen Hoheit von eben diesen Fremden bedroht fühlen? Haben diese Gruppen gleichermaßen Anspruch auf Fürsorge? Braucht es also eine nationale Ansprache ebenso wie eine soziale, für den Zuwanderer wie für den verunsicherten Deutschen? Geht das überhaupt?

Die alleinerziehende Mutter mit Hartz IV, für deren Kinder die leiblichen Väter den Unterhalt verweigern, erlebt die Wirklichkeit des sozialen Unten seit je her. Was aber ist mit dem Facharbeiter aus dem wohlhabenden Heilbronn, der genug hat von verschleierten Frauen im Straßenbild? Gehört er auch zum neuen Unten, weil er sein Bedürfnis nach Abgrenzung und Identität missachtet sieht? Oder hat er die Pflicht zur Fremdenfreundlichkeit, wenn er weiter zum Oben gehören will, zu den »Guten«? Oder der Volljurist mit Doktortitel, der nicht hinnehmen mag, dass die Grenzen seines Staates nicht mehr bewacht werden können und der Euro auf einem (vermeintlichen) Regelbruch basiert. Früher war er ein Teil des Oben, ganz klar. Heute fühlt er sich als das neue Unten, vermeintlich ungehört und verlacht von denen, die er als »die da oben« beschimpft. Zu Recht?

Naturgemäß beantworten wir diese Fragen unterschiedlich. Davon lebt das Buch, davon leben unsere Gespräche, die wir im Fernsehsender Phoenix nunmehr im achten Jahr unter der nimmermüden Aufsicht unseres betreuenden Redakteurs Martin Priess miteinander führen. Der liebenswürdige Steinzeitkommunist Augstein bleibt dabei: Unten, da sammeln sich die Opfer der Umstände und der finsteren kapitalistischen Mächte. Im Ernst: Eine Gesellschaft, in der die Politik zulässt, dass Unten und Oben immer weiter auseinanderklaffen, und die Oberen offenkundig Interesse an und Verständnis für die Unteren verlieren, kann auf Dauer keine demokratische Gesellschaft bleiben.

Blome, der freundliche Neoliberale von nebenan, erklärt jede soziale Schieflage zum bedauerlichen Betriebsunfall oder zur Langzeitfolge von Multikulti und Sozialstaats-Industrie. Und meint, im Ernst: Über Jahrzehnte wurde den Menschen der Mitte – wider besseren Wissens – Angst gemacht, sie lebten prekär und seien bald arm und unten. Zugleich galt es als reaktionär, viel wirkmächtigere Ängste früh beim Namen zu nennen: Zuwanderung, Ausländerkriminalität, Heimatverlust, Staatsversagen. Beides rächt sich jetzt: Immer mehr Menschen wollen die Globalisierung weder als Chance noch als Schicksal sehen. Und das tut der Sozialen Marktwirtschaft mehr Schaden, als es der Augstein'sche Sozialismus je könnte.

Wir reden lange genug miteinander, um zu wissen, dass keiner von uns die Wahrheit gepachtet hat. Aber noch nicht lange genug, um den anderen überzeugt zu haben. Schon gar nicht, wo sich so viel verändert in unserem Land, das für viel Veränderung nicht bekannt war.

Mit unserem ersten Buch sind wir gemeinsam auf Reisen gegangen. Das waren viele Lesungen in den Buchhandlungen und Theatern, den Vereinen und Stiftungen, die kulturelles Leben tatsächlich bis in die hinteren Winkel Deutschlands tragen – wenn man einen Auftritt von »Augstein & Blome« als kulturelles Ereignis bezeichnen will.

Diese Reisen sahen so aus, dass Augstein freihändig mit 160 auf der Landstraße fuhr und dabei gleichzeitig nach südamerikanischen Revolutionsliedern im Handy und auf dem Navi nach dem Weg suchte, während sich Blome im Sitz festklammerte und auf ein Wunder hoffte. Augstein wollte immer ins Romantikhotel am Ort – Blome hatte das Budget im Auge und wies den Weg in die nächste Kettenabsteige. (In Romantikhotels will er offenkundig mit anderen Menschen.) Unsere Lesetour war aber mehr als nur eine fröhliche Klassenreise für ältere Semester. Sie war eine Recherchetour quer durch die ganze Verschiedenheit dieser Bundesrepublik Deutschland.

Man macht sich von dieser Verschiedenheit manchmal kein Bild mehr, wenn man in den großen Städten sitzt und Deutschland nur noch aus dem Fernsehen kennt: diesen eigenartigen Staat in der Mitte Europas, der nach so vielen Extremen nichts so sehr schätzt wie die Mitte und dem diese Mitte doch abhanden zu kommen droht. Das sieht man nirgends deutlicher als in den deutschen Provinzen: In den properen Mittelstädten, in denen die Menschen so aufgeräumt wirken wie ihre Vorgärten, und in den randständigen Gebieten, in denen die Bürgersteige so beschädigt wirken wie die Lebenswege der Passanten.

Es gab ein Motiv, das dem wohlhabenden Südwesten und dem abgeschlagenen Nordosten gemeinsam war: das Gefühl der Fremdheit im eigenen Haus und der Eindruck, es gehe vieles nicht mit rechten Dingen zu, in der Wirtschaft nicht, in den Medien nicht und in der Politik schon gar nicht. Es war mitunter jene diffuse Wut im Publikum unserer Lesungen zu ahnen, der Angela Merkel am Ende vielleicht auch weichen musste. Das ist eine Beobachtung, die die Wissenschaftler schon vor uns Laien gemacht haben. Der Soziologe Hartmut Rosa hat einmal vom Versagen der Politik als »Resonanzsphäre« gesprochen – das liege dann vor, wenn die Menschen das Gefühl hätten, ihre Fragen würden ungehört verklingen: »Demokratische Resonanz bedeutet, dass die eigene Stimme im politischen Konzert zur Geltung gebracht werden kann, dass sie sich mit den anderen Stimmen vereinigt und dass sie auf einen Widerhall stößt, der oft genug auch ein scharfer Widerspruch sein kann, dass sie Folgen hat.«

In einer derart stumm gewordenen Welt blüht das Geschäft der ideologischen Schwarzmarkthändler von ganz rechts und – wie Blome sagen würde – auch von ganz links. Aber da würde Augstein schon protestieren, weil er sich eine solche Gleichsetzung verbietet.

Dieser Fremdheit nachzuspüren und dem Geschäft der Schwarzmarkthändler auf den Grund zu gehen, das ist auch Aufgabe dieses Buches. Man kann sie nicht erfüllen, ohne die sozialen und ökonomischen Fragen mit denen von Zuwanderung, nationaler Identität und kultureller Verschiedenheit in einen umfassenden Blick zu nehmen.

Anders als bei unserem ersten gemeinsamen Buch wollen wir uns dabei nicht nur auf uns selbst verlassen: Wir haben deshalb zusätzlich Hausbesuche gemacht, oben und unten, und für dieses Buch Gespräche geführt und Eindrücke mitgebracht. Für die Offenheit, mit der wir empfangen wurden, danken wir unseren Gesprächspartnern. Sie haben uns dabei geholfen, mehr Funken sprühen zu lassen, als im besten Fall aus dem Zusammenprall unserer unterschiedlichen Weltbilder hätten entstehen können.

I

ELEND

1. SIND DIE ABGEHÄNGTEN WIRKLICH ABGEHÄNGT?

Blome:

Am Beginn dieses Buches will ich dieses eine Mal Bertolt Brecht zitieren: »Reicher Mann und armer Mann / standen da und sahn sich an / Und der Arme sagte bleich: / Wär ich nicht arm, wärst du nicht reich.« Nach all den Jahren, Augstein, glauben Sie das noch?

Augstein:

Sie wollen mich aufs Glatteis führen. Die Frage ist so offenkundig unsinnig, dass ich mich kaum traue, sie direkt zu beantworten. Natürlich glaube ich, dass der Reichtum der Reichen von den Armen stammt und dass das ein wachsendes Problem darstellt. Darum führen wir diese Gespräche – das Verhältnis zwischen Oben und Unten war nie im Gleichgewicht, aber das Maß des Ungleichgewichts, das sich eingestellt hat, wird gefährlich für die Demokratie.

B:

Es gibt keine freie Gesellschaft ohne Oben und Unten.

A:

Sie irren sich: Der Missstand liegt nicht darin, dass es überhaupt Oben und Unten gibt. Niemand, der bei Verstand ist, will eine vollkommen gleiche Gesellschaft. Die existiert nur als Karikatur in Köpfen wie Ihrem. Nur so viel: Die Menschen sind gleich, weil sie Menschen sind, und ungleich, weil sie Individuen sind. Sie sind gleich und ungleich. Das weiß jeder von uns. Also müssen wir uns fragen, wie viel oder welche Ungleichheit halten wir für zumutbar?

B:

So weit in Ordnung, das ist die alte soziale Frage, wir haben ein ganzes Buch darüber gemacht. Aber die Frage stellt sich eben nicht mehr nur in Euro und Cent, in Reichtum gegen Armut. Sie stellt sich auch mit Blick auf Zuwanderung und einheimische Gesellschaft. Wie viel zugewanderte, kulturelle Ungleichheit hält die aus?

A:

Kultur? Das Wort lässt mich zögern. Die kulturelle Frage ist in die soziale eingebettet. Oder anders: Ich glaube nicht, dass viele Leute ein Problem mit reichen Ausländern haben – mit armen aber umso mehr. Die überragende Bedeutung, die das Migrationsthema in unserer Gesellschaft hat, hat mit der Gesellschaft zu tun – nicht mit der Migration. Wenn diese Gesellschaft eine zufriedene, ausgeglichene wäre, dann wäre die Migration kein solches Thema. Wir sollten uns fragen, warum so viele Menschen Angst haben, dass man ihnen etwas wegnimmt.

B:

Nein, andersherum wird ein Schuh draus: Ärmere Einheimische haben eher ein Problem mit Ausländern als besser gestellte Einheimische. Und zwar nicht, weil die unten per se fremdenfeindlicher wären, sondern weil sie vermutlich ein bisschen weniger Bildung und Weltläufigkeit mit auf den Weg bekommen haben. Vor allem aber, weil diese sogenannten »kleinen Leute« mit den praktischen Problemen, die Zuwanderung ganz normal mit sich bringt, viel direkter konfrontiert werden als die am oberen Ende in den Villenvierteln. Heißt, lieber Augstein: Wenn wir die beiden Fragen, sozial und national, verschränken wollen, dann müssen wir zuerst nach unten schauen.

A:

Da bin ich Ihrer Meinung: Migration macht sich zuerst unten bemerkbar und dort muss auch die Integration geleistet werden. Darum nerven mich auch diese gutsituierten Migrationsfreunde, die der Ansicht sind, man müsse die Grenzen einfach öffnen – denn bis ihr bequemes Leben von den Konsequenzen berührt wird, haben die Schichten unter ihnen die ganze Arbeit bereits geleistet. Dann fällt die Menschenfreundlichkeit sehr leicht. Also blicken wir nach unten und sehen: Brechts Gedicht stimmt heute ganz wörtlich: Die Reichen nehmen den Armen Geld weg, um reicher zu werden. Perverser als jetzt hat der Kapitalismus noch nie funktioniert.

B:

Die Vermögen sind in Deutschland tatsächlich ungleich verteilt und das wird so bleiben, wenn sie alle auch vererbt werden. Und ja, Vermögen bringen ohne eigene Arbeit Zinserträge, aber weder das Vererben noch die Zinsen nehmen anderen etwas weg, oder? Stattdessen hat Ungleichheit etwas Gutes, sie reizt Aufstieg und Leistungswillen an.

A:

Ungleichheit mag ein Anreiz für Aufstieg sein, wenn die Gesellschaft durchlässig genug ist, diesen Aufstieg auch zu erlauben – darüber werden wir später noch reden. Und was das andere angeht: Offenbar verstehen Sie das Prinzip des modernen Kapitalismus nicht. Darf ich mal ein bisschen ausholen: Trump macht in den USA eine Steuerreform, die die Reichen entlastet und die Armen belastet. Daraufhin steigen weltweit die Börsenkurse und die Reichen werden allein dadurch noch reicher. Dieses System ist zutiefst unmoralisch und ungerecht. Es lässt Menschen, die von ihrer Arbeit und nicht von ihrem Geld leben, links liegen, nimmt ihnen die Perspektiven und das Vertrauen in Staat und Gesellschaft. Die Ergebnisse sehen Sie auf der ganzen Welt: Der Populismus nimmt zu, die Demokratie ist in der Krise. Aber Hauptsache, die Reichen werden reicher. Oder nehmen Sie die Geldpolitik in Europa: Herr Draghi flutet den Kontinent mit Euro, die Sparzinsen gehen in den Keller, aber die Immobilienpreise und Mieten steigen in den Himmel – das sind politisch gewollte Mechanismen der Umverteilung von unten nach oben. Und es ist ehrlich gesagt ein Treppenwitz der Geschichte, dass die CDU ausgerechnet in einer solchen Situation einen wirtschaftsliberalen Wiedergänger wie Friedrich Merz aus dem Klamottenschrank der Geschichte herausgeholt hat.

B:

Draghis Nullzinspolitik bringt alle Sparer um den Ertrag, zumindest die Millionen reichen oder armen Deutschen, die nur mit dem Sparbuch sparen. Draghis Politik hat aber den Euro gerettet, und wäre das Geld kaputtgegangen, hätten gerade die unten alles verloren, weil sie keine Aktien oder Immobilien haben, sondern eben nur ihr Erspartes auf der Bank. Ich glaube, das zählt mehr als Mieterhöhungen in Ballungsgebieten. Trumps Steuerpolitik verteidige ich nicht, die ist einfach oligarchisch. Nehmen wir lieber Deutschland. Erstens: Der Anteil der Löhne am Volkseinkommen lag Anfang der 1980er Jahre bei nahezu 80 Prozent und ist dann unter 70 Prozent gefallen. Das scheint Ihre Angst zu bestätigen, aber es scheint eben nur so. Wahr ist: Immer mehr Menschen haben Kapitalerträge, also

Einkommen aus Erspartem, Vermögen oder Wohneigentum, und das sind beileibe nicht nur die reichen Couponschneider, sondern auch rund die Hälfte aller Rentner. Oder nehmen Sie die sogenannte Armutsquote, sie ist von 14,7 Prozent im Jahr 2005 auf 15,7 Prozent in 2016 gestiegen. Auch das scheint Ihr Lied zu singen, Augstein. Aber auch das stimmt nicht. Diese Statistiken der Wohlfahrtsverbände sind Propaganda, ich nenne sie Armuts-Pornos.

A:

Sie jubeln über die deutsche Erbgesellschaft – dazu kann ich gleich noch was sagen. Aber erst mal bin ich tatsächlich verblüfft. Habe ich das richtig verstanden: Armut ist in Deutschland gar kein Problem? Echt jetzt?

B:

Es gibt Armut in Deutschland, und in einem so reichen Land ist das ein Skandal. D'accord. Aber wie viel Armut gibt es? Nehmen Sie die mehr als 20 Millionen Rentner, ein paar Hunderttausend sind auf Hartz IV für Ältere angewiesen, auf Grundsicherung. Das sind nur zwei Prozent oder so, aber die Sozialverbände haben es trotzdem geschafft, dass fast jeder von uns beim Wort Rentner sofort das Wort »Armut« mitdenkt. Die Verbands-Propagandisten haben die Debatte allein auf die Höhe der gesetzlichen Renten reduziert. Die sind in der Tat nicht hoch, da liegen gerade Frauen schnell unter 1000 Euro im Monat und damit schon nahe an der Grenze zur Armutsdefinition. Ausgeblendet wird, dass rund die Hälfte aller Rentner Zusatzeinkünfte haben. Heißt: Allein auf die gesetzlichen Renten zu schauen, greift viel zu kurz, aber das fehlt in der Litanei von den armen Alten. Weil es politisch nicht passt.

A:

Ich finde das schwierig. Eigentlich halte ich nichts davon, wenn wir uns jetzt Statistiken um die Ohren schlagen. Aber ein paar Grundlagen und Begriffe sollten wir schon klären. Für das Jahr 2015 hat das Statistische Bundesamt festgestellt, dass die Zahl der Menschen, die weniger als 60 Prozent des mittleren Haushaltseinkommens haben, bei annähernd 13 Millionen lag. Das sind mehr als 15 Prozent aller Deutschen. Die Schwelle liegt bei einem Single bei 942 Euro Einkommen im Monat, bei einem Paar mit zwei kleinen Kindern bei 1978 Euro. Das nennt sich dann armutsgefährdet. Da ich schon ahne, was Sie gleich sagen werden, darf ich vielleicht noch mal erläutern, was das in Wahrheit bedeutet: In Deutschland kann sich jeder sechste keine Urlaubsreise leisten und jeder Dritten kann sich keine unerwarteten Ausgaben von 1000 Euro oder mehr leisten. Und das Erschreckendste daran: An diesen Zahlen hat sich seit zehn Jahren nichts geändert. Das waren für die Wirtschaft gute Jahre – aber eben nur für die Wirtschaft. Früher kam das Wachstum auch immer unten an. Das ist vorbei. Und noch was – aber dazu kommen wir noch genauer: In 20 Jahren wird jeder fünfte Rentner von Armut bedroht sein.

B:

»Von Armut bedroht«, da ist der Begriff wieder … In allen Debatten wird er synonym mit »arm« verwendet. Ich will nicht zynisch klingen: Aber es ist ein Unterschied, ob mir bei Anpfiff eines Fußballspiels gegen die übelste Tretertruppe der Liga 90 Minuten lang ein Beinbruch droht oder mein Bein nach den 90 Minuten gebrochen ist. Es ist ein Unterschied, ob ich als Student – wie fast alle Studenten – in der Armutsstatistik stehe, aber später gut verdienen werde. Oder ob ich als Alleinerziehende ohne Berufsausbildung dastehe.

A:

Ihr Beispiel aus dem Sport ist ein schlechter Witz auf Kosten von Leuten, denen nach Witzen in diesem Zusammenhang vermutlich nicht der Sinn steht. Bedrohung durch Armut ist eine Lebenswirklichkeit für die betroffenen Menschen. Das prägt die Stimmung zuhause, die Erziehung der Kinder, die Einstellung zur Politik, zur Gesellschaft, zur Migration – Menschen in Angst verhalten sich anders als Menschen, die sich sicher fühlen. Aber Ihre Sichtweise ist typisch und Teil des Problems. Bei allem Respekt, ich glaube, Ihnen fehlt die Empathie für das Leben der normalen Menschen, weil diese Leute von Ihnen einfach so weit entfernt sind. Sie gucken von ganz weit oben auf die Zurückgelassenen hinunter und zucken mit den Schultern.

B:

Ich leugne nicht die Angst, oder dass sie ein Teil der Realität sein kann. Aber viele, die wir als abgehängt bezeichnen, sind es nur in der öffentlichen Wahrnehmung, die von interessierter Lobby-Seite so gesteuert wird. Noch ein Beispiel: Es ist ein Unterschied, ob die erwähnten 942 Euro in MeckPomm zum Leben reichen sollen oder in München. Auch das leugnen die Pauperismus-Propagandisten und weigern sich, Armut nach Regionen zu differenzieren, was statistisch leicht möglich wäre. Augstein, das ist keine Spiegelfechterei, das hat handfeste Folgen: Weil wir das falsche Bild von der Armut in Deutschland haben, weil der Befund nicht präzise genug ist, bekämpfen wir die echte Armut nicht richtig. Den wirklich Abgehängten wird nicht geholfen.

A:

Sie sind also wirklich wie der CDU-Minister Jens Spahn der Meinung, Hartz IV bedeute kein Leben in Armut. Aber als man ihn aufgefordert hat, das mal einen Monat lang auszuprobieren, wollte er dann doch lieber nicht. Kein Wunder – denn der Kaffee bei Käfer in der Reichtstagskuppel kostet so viel, wie ein Kind nach Hartz-IV-Sätzen am Tag zum Leben hat. Das allerdings weiß Herr Spahn nicht, weil er keine Kinder hat. Und ich sage es, weil Haushalte mit Kindern in Deutschland ein erheblich erhöhtes Armutsrisiko haben. Ist Ihnen eigentlich klar, dass in Deutschland jedes fünfte Kind in einem von Armut bedrohten Haushalt aufwächst? Wir hatten eben das Wort von der ungerechten Ungleichheit – hier haben Sie ein Beispiel.

B:

Sag ich doch: Wir tun zu viel für die Rentner, von denen die meisten gar nicht arm sind. Wir tun zu wenig für die Kinder von Alleinerziehenden und Hartz-IV-Empfängern. Aber das kommt auch von Sätzen wie diesen: »Arm ist, wer seinen Kindern kein Eis kaufen kann, obwohl die sich eines wünschen.« Stammt von Sahra Wagenknecht und ist eben irreführend pauschal. Das kann nämlich auch jedem Häuslebauer passieren, wenn er seine Raten am Monatsende stemmen muss. Der ist aber nicht arm.

A:

In Deutschland wird Politik für die Happy Few gemacht und nicht für die Menge der Menschen. Die Erbschaftsteuer ist bei uns deutlich niedriger als in vielen anderen westlichen Staaten und das trägt mehr als alles andere dazu bei, dass ungerechte Vermögensverteilungen fortbestehen. Sie müssen sich vorstellen, dass bei uns jährlich etwa 400 Milliarden Euro vererbt werden – das Aufkommen aus der Erbschaftsteuer beträgt aber nur vier bis fünf Milliarden. Das ist doch ein Witz. Und für die Angleichung der Lebensverhältnisse in Ost und West ist diese niedrige Besteuerung des Erbes ohnehin Gift. Im Osten wird nämlich viel weniger vererbt, weil dort kaum etwas angespart werden konnte. Das heißt, zwischen Oben und Unten und Ost und West bleibt in Deutschland jeder schön auf seinem Platz. Das ist ein sozial- und demokratiepolitischer Wahnsinn. Eine nachhaltige Steuerpolitik müsste jetzt dafür sorgen, dass durch deutlich höhere Erbschaftsteuer die ungesunden Ungleichgewichte ausgeglichen werden. Steuerpolitik hat eben was mit Steuerung zu tun. In Deutschland wird aber nicht gesteuert. 1970 trugen die »Reichen« noch 20 Prozent des Steueraufkommens über spezielle Reichensteuern auf Kapitalerträge, Erbschaft und Vermögen – 2016 waren es noch zwölf Prozent. Stichwort: Umverteilung von unten nach oben.

B:

Und gleichzeitig ist der Anteil der »Reichen« an der viel aufkommensstärkeren Einkommensteuer deutlich gestiegen ... Hören Sie mit den Taschenspieler-Tricks auf, Augstein.

Kurz gefasst wollen Sie sagen: Ungleiche Vermögensverteilung zerreißt die Gesellschaft, oder? Das bestreite ich, weil Vermögen nicht gleich Vermögen ist. Natürlich schadet obszön zur Schau gestellter Reichtum dem Zusammenhalt. Aber wenn derselbe Reichtum in einem Familienunternehmen steckt, kann es etwas ganz anderes sein. Und noch etwas: Die Ungleichheit hat sich auch deshalb vergrößert, weil die Wiedervereinigung viele formal Vermögenslose in die Statistik gebracht hat. Vor allem aber, weil Millionen normale Bürger zu wenig Vermögen aufgebaut haben. Nur zehn Prozent aller Deutschen haben Aktien, dabei hat sich der Dax seit 1995 versechsfacht.

A:

Sie meinen, wenn die Leute kein Brot haben, sollen sie Kuchen essen? Und wenn man kein Geld zum Sparen hat, soll man Aktien kaufen? Auf welchem Planeten leben Sie eigentlich? Sie beschreiben doch genau, wie sich dieses System zugunsten einer bestimmten Form von Kapitalismus entwickelt hat – normale Arbeitnehmer können daran nicht teilnehmen, vielleicht wollen sie auch gar nicht. Wer kein Geld zu verlieren hat, hat keine große Lust, an der Börse spekulieren zu gehen – dann entgehen ihm auch die Spekulationsgewinne, vollkommen richtig. Erinnern Sie sich an 1996, als die Telekom an die Börse ging? Die Telekom-Aktie wurde als Volksaktie angepriesen und als Testfall für die Börsentauglichkeit der Deutschen angesehen. Aber so börsentauglich muss man erst mal sein, um es zu verkraften, dass eine »Volksaktie« erst mehr als 100 Euro wert ist und zwei Jahre später nicht mal mehr zehn. Da haben die Deutschen einen Crash-Kurs in Casino-Kapitalismus bekommen.

B:

Es geht nicht um die Leute, die so knapp sind, dass sie nicht einmal 50 Euro im Monat zurücklegen können. Es geht um die Millionen Menschen in der Mitte der Gesellschaft, die in der Niedrigzinsphase nachweislich falsch sparen, weil sie nicht über Aktien oder ganz simple Aktienfonds an den Unternehmensgewinnen teilhaben, Telekom hin oder her. Das eigentliche Vermögen der meisten Deutschen steckt in ihren künftigen Ansprüchen an die gesetzliche Rentenkasse. Die schlagen sich in den Statistiken der OECD zum Beispiel nicht nieder, da haben selbst die Griechen im Schnitt mehr als wir. Aber der deutsche Durchschnittsrentner, der gut 1000 Euro im Monat bekommt, sitzt fiktiv auf einem Kapitalstock von 400 000 bis 500 000 Euro, der bei drei Prozent Verzinsung seine Rente erwirtschaftet, bis er stirbt. Lange Rede, kurzer Sinn: In Deutschland haben die Vielen zu wenig Vermögen und nicht die Wenigen zu viel davon. Ergo kann die Lösung nicht Vermögensteuer heißen.

A:

Wir reden hier dauernd über Zahlen – lassen Sie uns auch über Empfindungen reden. Verdienter Reichtum stört doch niemanden. Oskar Lafontaine hat immer gesagt, die Reichen sollen ruhig reich sein, sie sollen halt ihre Steuern bezahlen. Das ist das Problem: der ungestrafte Regelbruch. Und ein System, das um die Interessen der Reichen herumgebaut ist. Erinnern Sie sich noch, als die Paradise Papers veröffentlicht wurden? Die Daten über die vollkommen legalen Steuerschlupflöcher? Da wurde der Trick einer Hotelkette beschrieben, die in Panama alle paar Monate einen Manager für ein paar Stunden mit zwei Anwälten in einen angemieteten Kellerraum gesetzt hat, um nur dadurch die Steuerschuld in England und Deutschland zu minimieren. Damals habe ich geschrieben: Der Planet ist ein Paradies für Arschlöcher.

B:

Da sind wir uns bis in die Wortwahl einig. Pekuniär sollen die oben sich alles leisten, aber bitte nicht auch moralisch oder juristisch. Wenn Millionäre Steuern hinterziehen, Banker oder Autobosse trotz Betrügereien Boni und Pension kassieren, empfinde ich das als Zersetzung. Wenn die oben die Regeln brechen, weil sie glauben, es zu können, dann bringt das die unten mehr auf als alles andere, und zwar zu Recht. Ein bisschen hat sich immerhin getan, das soll auch gesagt sein. Es gibt jetzt eine Schwarze Liste der Steueroasen und Steuerdumping-Länder. Die Schweiz hat kein Bankgeheimnis mehr. Die Strafen für Steuerhinterziehung wurden verschärft, und ein paar Autobosse mussten in U-Haft. Das System lernt.

A:

Sie verschließen die Augen vor der Tatsache, dass dieses gesamte System Rücksicht auf Leute mit viel Geld nimmt – und nicht auf die anderen. Das ist das eigentliche Problem: Gerechtigkeit. Gerecht ist es, wenn gleiche Regeln für alle gelten. So wie Lacordaire gesagt hat: »Zwischen dem Starken und dem Schwachen, zwischen dem Reichen und dem Armen ist es die Freiheit, die unterdrückt, und das Gesetz, das befreit.« Wenn das Gesetz nicht mehr für alle gilt und wenn die Starken ihre eigenen Gesetze haben, dann ist die liberale Demokratie am Ende. Und Sie sehen ja auch, wie sie weltweit unter Druck gerät.

B:

Zwischen Freiheit und Recht einen Widerspruch zu konstruieren, ist noch gefährlicher. Recht ohne Freiheit ist Diktatur. Freiheit ohne Recht ist Anarchie. Ob arm oder reich, ob oben oder unten, Sie kriegen das eine nicht ohne das andere. Aber ich komme Ihnen entgegen und sage: Obwohl Recht und Gesetz zum Beispiel die Arbeitnehmer im Betrieb schützen oder die Mieter in ihrer Wohnung, wächst im Land das Gefühl von Ausgeliefertsein – und schon das bedeutet, an Freiheit zu verlieren. Das kann den Mittelständler in der Globalisierung genauso betreffen wie den Lagerarbeiter, der von einem Roboter oder einem billigen syrischen Flüchtling abgelöst wird und deshalb Wut auf alle Ausländer kriegt. Der Soziologie Claus Offe hat es in einem Interview mal so gesagt: »Die Lage der Abgehängten, des Prekariats, wird wesentlich durch einen Mangel an ›fate control‹ bestimmt, also Ohnmacht bei der Bestimmung der eigenen Lebensumstände. Wer unter dem Regime einer überwältigenden Flexibilisierung nicht weiß, was er noch alles hinzunehmen genötigt wird, der ist nicht unbedingt arm an Einkommen, sehr wohl aber an sozialer Sicherheit.«

A:

Blome, das war erst der Anfang.

2. KANN MAN ES ÜBERHAUPT NOCH NACH OBEN SCHAFFEN?

Augstein:

Lieber Blome, lassen Sie uns darüber reden, warum die deutsche Gesellschaft eigentlich so undurchlässig ist.

Blome:

Ich sehe schon, Sie haben sich wie einer der Ärzte bei Rembrandt über den deutschen Volkskörper gebeugt und eine schockschwere Krankheit diagnostiziert. Nicht so schnell, bitte.

A:

Rembrandt? Handelt es sich da nicht um eine Obduktion? Wenn wir beide die Ärzte sind, dann sind wir eher bei Asterix & Obelix: »Sein Puls rast!« – »Ihr scherzt, er hat gar keinen!«

B:

Es handelt sich vielleicht um einen Gesundheitscheck in der Blüte der Jahre, bei dem sich herausstellt: Manches funktioniert nicht mehr so wie früher, aber das bedeutet keineswegs den nahenden Exitus, im Gegenteil. Und im Ernst: In gewisser Weise beginnt dieser Check gerade, kein Wunder, das hat auch mit dem Ende der Ära Angela Merkels zu tun.

A:

Mal ein paar Zahlen gefällig? Das Deutsche Institut für Wirtschaftsforschung hat ausgerechnet, dass in Deutschland etwa 40 Prozent des Einkommens und 50 Prozent des

Bildungsniveaus mit der Herkunft zusammenhängen. Nur ein Viertel der Kinder in Deutschland schafft es heute, einen besseren Bildungsabschluss zu erreichen als ihre Eltern – das ist eine der niedrigsten Quoten aller Industrieländer. Rund 70 Prozent der Akademikerkinder gehen zur Universität, nur 20 Prozent der Kinder von Nichtakademikern. Sogar das Bundesbildungsministerium sagt, dass »in kaum einem anderen Industriestaat die sozio-ökonomische Herkunft so sehr über den Schulerfolg und die Bildungschancen (entscheidet) wie in Deutschland«.

B:

Tja, da muss man gar kein Linker sein, um das einen Skandal erster Klasse zu nennen. Ich finde auch: Nur eine durchlässige Gesellschaft ist eine gute Gesellschaft. Aber das hier vorweg: Wer Durchlässigkeit will, der muss sie in beide Richtungen wollen, das ist nur fair. Und: Wer Durchlässigkeit erhöhen will, der muss trotzdem die Grenzen erkennen – die Grenzen der Mittel und die Grenzen des Wünschbaren. Durchlässigkeit ist kein Selbstzweck.

A:

Ich hätte nicht gedacht, dass wir uns darüber streiten müssen, ob Durchlässigkeit überhaupt ein Wert an sich ist. Ich habe mich geirrt. Müssten Sie als in der Wolle gewirkter Liberaler, der das Leistungsprinzip hoch hält, nicht eigentlich ein Verfechter der absoluten und bedingungslosen Chancengleichheit sein? Meritokratie statt Aristokratie, das ist doch das Versprechen des Kapitalismus. Aber das ist leider gelogen: in Wahrheit leben wir beinahe in einem Ständestaat. Das ist moralisch verwerflich, weil alle Menschen gleich geboren sind und darum ein Anrecht auf den gleichen Zugang zum Glück haben. Es ist aber auch wirtschaftlich falsch, weil wir uns die Potenziale so vieler Menschen entgehen lassen.

B:

Ich bin ein Liberaler und ein Realist. Sehen, was ist, damit beginnt alles. Es ist wichtig, nüchtern zu betrachten, was die Durchlässigkeit hemmt und der Staat verdammt noch mal ändern muss. Aber eben auch das zu sehen, was der Staat nicht sinnvoll oder mit vertretbarem Aufwand verändern kann – und wo er aus Feigheit vor denen, denen die durchlässige Gesellschaft schon zugutegekommen ist, nicht das tut, was er tun könnte. Alle Studien zeigen: Die Kinder kommen ganz früh auf die unterschiedlichen Gleise, nicht erst als Jugendliche oder junge Erwachsene. Aber die Kindertagesstätte kostet Gebühren, während das Studium kostenlos ist. Einkommensschwache Familien trifft das natürlich härter als Besserverdiener, sie müssen einen höheren Anteil vom Netto aufbringen. Das zementiert und pervertiert die Verhältnisse. Wer studiert, weil sich die Eltern die frühe Bildung leisten konnten, verdient bald erheblich mehr als viele, die ihm das Studium finanzieren. Die Lidl-Kassiererin bezahlt mit ihren Steuern meinen Kindern das kostenlose Studium, anstatt dass ich mit meinen Steuern den Kindern der Kassiererin den Kindergarten bezahle.

A:

Weil die Förderung von Kindern und von Studenten nicht gleichermaßen gerecht ist, wollen Sie sie gleichermaßen ungerecht machen?

B:

Ihr Ernst? Finden Sie es gerecht, dass Geringverdiener künftigen Bestverdienern jenen Teil der Ausbildung mit ihren Steuern finanzieren, der am Ende für die Einkommensunterschiede verantwortlich ist, die Sie danach als ungerecht beklagen? Ich bin auch für einen Kita-Zwang, mindestens für Familien, die auf staatliche Unterstützung angewiesen sind. Das klingt nach selektiver Sozialpolitik und damit ziemlich übel, aber dieses Tabu muss fallen.

A:

Was Sie sagen, klingt einleuchtend. Aber ich glaube, Sie haben sich da das falsche Beispiel ausgesucht. Es gibt Studien, nach denen besuchen schon jetzt mehr als 90 Prozent der Kinder über drei Jahren eine Kindertagesstätte – entschuldigen Sie, ich bekomme das Wort »Kita« nicht über die Lippen. Und was Sie für einen tollen sozialen Fortschritt halten – kostenloser Kindergarten –, ist in Wahrheit schon wieder ein Wahlgeschenk für die Besserverdienenden. Wer wenig verdient, zahlt schon jetzt nichts oder fast nichts. Aber wer viel verdient, der spart dann auch viel. In Hamburg gibt es so eine Lösung schon – da kann man das sehen. Abgesehen davon – darum geht es doch hier gar nicht. Sie verweisen auf eine Ungerechtigkeit im Steuersystem, auf die Frage, wer wie viel leisten kann. Mir geht es aber um die Frage, warum bei uns die Herkunft über die Zukunft entscheidet. Wir tun so, als gelte bei uns das Sprichwort: Jeder ist seines Glückes Schmied.

B:

Im Kern ist das noch immer so. Es zu leugnen, ist nur der Versuch, eine pauschale Entschuldigung für individuelles Scheitern zu erfinden. Es ist die Notlüge einer Gesellschaft, die anders als zum Beispiel die amerikanische zu feige ist, zum Scheitern zu stehen.

A:

Nein, das ist gelogen. Scheitern ist eben nicht nur persönlich, sondern auch gesellschaftlich bedingt – ich finde, dann soll sich gefälligst auch die Gesellschaft darum kümmern. Wissen Sie, wenn wir wirklich eine Gleichheit der Chancen hätten, dann könnte man sagen, der Staat möge sich zurückhalten. Das wäre zwar eine kalte Gesellschaft, eine harte, aber immerhin eine gerechte. Stattdessen ist es bei uns inzwischen hart und ungerecht. Als Liberaler kennen Sie doch sicher John Rawls und den Schleier des Nichtwissens: Wenn niemand von uns wüsste, was die Zukunft bringt, wäre unser Interesse an Gerechtigkeit sehr groß. Wir würden auf Fairness bestehen und auf Regeln und darauf, dass diese Regeln eingehalten werden. Weil wir nicht wissen, ob wir es nicht selbst sein werden, die einmal davon profitieren, dass die Verhältnisse gerecht sind. Aber inzwischen kennt jeder von uns seine Zukunft mehr oder weniger: Wer oben ist, bleibt oben. Wer unten ist, bleibt unten.

B:

So zementiert sind die Verhältnisse nicht, davon zeugen allein die 2,5 Millionen Aufstiegsbiographien, die seit 2005 aus der Arbeitslosigkeit in eine vollwertige Beschäftigung geführt haben. Oder die kleine Statistik, wonach fast alle Kinder in Deutschland das Unterschichten-Stigma Karies hinter sich gelassen haben, weil ihre Eltern zur Mitte gehören wollen. Aber das reicht nicht, da haben Sie recht. Ich bin vor Jahren einmal mit Angela Merkel auf Kanzlerreise in Indien gewesen, da wurde ihr erklärt, wie die indische Gesellschaft funktioniert: Indien sei wie ein großes, hohes Haus, wo alle wohnen dürfen, hieß es. Nur gebe es halt keine Treppen zwischen den Stockwerken. Das kann es nicht sein. Wenn die Startchancen unfair verteilt sind, muss der Staat am Start intervenieren, also, wie gesagt: alle Kitas kostenlos, mindestens für Eltern unter der sogenannten Armutsschwelle, das würde nur gut 700 Millionen pro Jahr kosten. Dazu Bildungspakete für Kleinkinder und so weiter und so fort. Einiges ist schon geglückt, von einem Schüler-Jahrgang machen inzwischen mehr als 50 Prozent Abitur, das war früher ganz anders. Und die Große Koalition plant zum Beispiel den Rechtsanspruch auf Ganztagsbetreuung in Grundschulen. Gut so. Aber Sie müssen zur Kenntnis nehmen, dass es Faktoren gibt, die die soziale Mobilität hemmen, auf die der Staat aber keinen Einfluss hat.

A:

Es ist interessant, Sie in der Rolle des Sozialklempners zu sehen: bisschen untenrum rumschrauben, und dann wird das schon. Sie machen es sich sehr einfach. Führen Sie gerne überall kostenlose flächendeckende frühkindliche Erziehung ein – aber das wird unser Problem nicht lösen. Die Undurchlässigleit ist ein strukturelles Phänomen. Es gibt bei den Oberen ein Bedürfnis nach Abgrenzung: die, die unten sind, sollen da auch bleiben. Sprache, Wohnviertel, Schulen, Restaurants, heute findet überall eine Segregation statt. Es gab früher tatsächlich eine Vermischung der Schichten. Ich bin in Hamburg-Ottensen auf eine Grundschule gegangen, da würden Sie heute ihr Kind nicht mehr hinschicken – und ich auch nicht.

B:

Touché. Meine Frau und ich haben Anfang der 90er Jahre mit unserem ersten Sohn die ersten knapp drei Jahre im Berliner Wedding gewohnt, ewig lang ein tiefroter Arbeiterbezirk, dann zunehmend türkisch. Ein halbes Jahr vor seinem dritten Geburtstag bekam unser Sohn die Einladung für einen Platz in der Kita im Viertel. Die haben wir uns einmal von außen angesehen und waren dann sehr froh, für meinen neuen Job als EU-Korrespondent nach Brüssel zu ziehen.

A:

Daraus würde ich niemandem – nicht mal Ihnen – einen Vorwurf machen. Kinder sollten nicht die Integrationsarbeit leisten, die den Erwachsenen nicht gelingt – damit meine ich übrigens nicht nur die Integration von Migranten. Wir wissen inzwischen ja, dass es eine Menge nichtintegrierter sogenannter Biodeutscher gibt. Je mehr Vermischung es gibt, desto ziviler ist eine Gesellschaft.

B:

Stimmt. Viertel-Grundschule, Fußballclub, Bundeswehr – da kamen die unterschiedlichen Schichten wenigstens zeitweilig in Kontakt. Sie haben es Vermischung genannt, die verloren geht. Das ist so, aber die entscheidende Frage lautet: Kann der Staat diese – Achtung: Soziologen-Deutsch – »Entmischung« stoppen? An manchen Punkten ginge das, wenn man beobachtet, wie es schiefläuft: In Berlin etwa wurde aus rot-rot-grüner Gleichmacherei in manchen Vierteln die Gründung von Privatschulen unterbunden oder an öffentlichen Sekundarschulen die Klasse, die zum Abitur führt, gestrichen. Folge: Die ambitionierteren Familien nehmen ihre Kinder dort weg. Das könnte man ändern. Aber sollen wir auch die Wehrpflicht wieder einführen, um einen gemeinsamen Moment der sozialen Schichten wieder herbeizuführen? Das finde ich nicht. Das geht zu weit, da stoßen Sie an die Grenzen, von denen ich sprach.

A:

Ich will Ihnen jetzt keine rührseligen Geschichten aus meinem Leben erzählen – aber ich war beim Wehrdienst mit einem Koch aus der Eifel und einem Ausbeiner aus Münster auf einem Zimmer. Und natürlich ist wahr, dass ich Leuten, die ein solches Leben führen, danach nie wieder so nahe gekommen bin. Ich habe später als Gerichtsreporter und als Reporter in Ostdeutschland wirklich alle nur vorstellbaren Menschen kennengelernt – aber das ist etwas anderes. Also, den Wehrdienst brauchen wir von mir aus nicht zurück – aber ein verpflichtendes Soziales Jahr für alle, Männer wie Frauen, das fände ich gut. Aber, lieber Blome, ich wundere mich über Sie: Wo bleibt denn Ihr Plädoyer für den »Deutschen Traum«, ein neues Aufstiegsversprechen für die Leistungswilligen, egal ob Deutsche oder Migranten. Die Predigt für eine neue, wachstumsgetriebene Dynamik, die das Land nach vorne bringt. Was ist denn mit Ihnen? Schwächelt ihr Liberalismus?

B:

Na, im Vergleich zu Ihrem Sozial-Geseufze ist mein Liberalismus springlebendig. Ich glaube nach wie vor, dass es jeder schaffen kann – oder schaffen können muss, ganz gleich, wo er herkommt. Aber ich verweise auf die faktischen Grenzen von staatlich herbeigeführter Durchlässigkeit, das ist nur ehrlich. Ihre Freunde auf der Linken würden eine Soziale Dienstpflicht übrigens als Nazi-Sch… verschreien, deshalb gibt es sie auch nicht. Selbst die CDU ist zu feige, das zu beschließen, genauso, wie sie zu feige war, die Studiengebühren beizubehalten, die sie in etlichen Bundesländern selbst eingeführt hatte. Na, vielleicht ändert sich das jetzt unter der neuen Führung nach Merkel. Aber die Linke hat den größeren Anteil daran, die Gesellschaft entmischt zu haben, auch wenn sie das Gegenteil predigt. Und zu

Ihrem »Deutschen Traum«: Den sollte jeder Einzelne träumen dürfen. Aber der Staat kann niemanden zum Träumen tragen.

A:

Der Staat muss den Rahmen schaffen, in dem geträumt werden kann, in dem Träume wahr werden können. Ohne diesen Rahmen verkümmern auch die Träume, oder? Wenn die Leute schon wissen, dass alle Mühen zwecklos sind, dann werden sie sich auch keine Mühe machen. Ihnen ist einfach egal, dass in Dänemark das Abitur nur zu 15 bis 33 Prozent vom sozialen Status des Elternhauses abhängt, in Deutschland aber zu rund 60 Prozent? Ich kenne das ja schon von Ihnen: Sie leugnen die Existenz von Strukturproblemen – entweder handelt es sich um eine Kleinigkeit oder um etwas Gottgegebenes.

B:

Von wegen gottgegeben – von Menschen gemacht. Von Menschen in aller Freiheit und Selbstbestimmung, die ihnen gegeben ist. Sie können mich jetzt zynisch nennen oder sozial-pervers, aber sagt Ihnen der Begriff »Homogamie« etwas?

A:

Haben diese Leute auch Anspruch auf ein eigenes Klo?

B:

Sehr witzig. Homogamie ist das Wort für den Trend zur Heirat innerhalb der eigenen Schicht. Vor 30, 40 Jahren heiratete rund jeder zweite Mann eine Frau, die einen niedrigeren Schulabschluss hatte als er selbst. Folglich heirateten rund 50 Prozent der Frauen einen Mann mit höherem Abschluss. Das war Aufstieg und machte die Gesellschaft mithin messbar durchlässig. Heute heiraten 80 Prozent der Deutschen eine Person mit ähnlichem Beruf oder Bildungsgrad. Warum? Frauen dürfen ihren Partner freier wählen als früher. Mehr Frauen studieren, arbeiten in akademischen Berufen und lernen so Männer gleichen Status kennen. Das nennt man Gleichberechtigung. Und dann kommen bei der Partnerwahl noch die Dating-Portale hinzu, wo man seinesgleichen sucht und nicht den Loser von nebenan. Die höchste Singlequote haben übrigens topqualifizierte Frauen, die keinen Mann suchen oder keinen adäquaten finden. Denn eines tun Frauen deutlich seltener als Männer – nach unten heiraten. Lange Rede, kurzer Sinn, sagt ein kluger Verteilungsforscher namens Markus Grabka: »Die Gesellschaft spaltet sich beim Heiraten.«

A:

Ich glaube tatsächlich nicht, dass es die Frauen sind, um die wir uns Sorgen machen müssen, sondern die Männer – genauer, um die Armen und die Abgehängten unter den Männern. Die Gesellschaft muss ihnen entweder einen Platz bieten oder die Möglichkeit zum Aufstieg.

B:

Das ist doch Sozialstaats-Prosa. Wir messen statistisch die Durchlässigkeit der Gesellschaft und beklagen, dass sie nicht groß genug ist. Aber Sie müssen sich der Tatsache stellen, dass diese Durchlässigkeit auch durch Faktoren beschränkt wird, die wir alle gut finden und gar nicht ändern wollen. Sie können den Frauen ja schlecht zurufen: Hey, tut was für die Gesellschaft und heiratet einen dummen Mann! Schlaft euch nach unten!

A:

Natürlich gehört es zur vollendeten Gleichberechtigung, dass auch Frauen bei ihrer Partnerwahl den sozialen Status ignorieren können. Warum soll eine Wirtschaftsprofessorin sich nicht in den sprichwörtlichen Klempner verlieben?

B:

Das müssen Sie die Wirtschaftsprofessorin fragen. Und wenn Sie schon von dieser Bildungsschicht reden: Auch die Arroganz der Gutmeinenden hemmt die Durchlässigkeit. Sie schotten sich mit ihren Codes nach unten ab. Ich geb Ihnen ein Beispiel: Die Kunstbrüste eines Show-Sternchens aus dem Dschungelcamp sind peinlich, das ist typisch Unten. Aber die einer Frau, die früher ein Mann war, die sind für die Gutmeinenden oben die Chiffre für Befreiung von Zwängen und Normen. Verstehen kann den Unterschied nur jemand, der die dahinterliegenden Zuschreibungen kennt, der mithin zur selben Klasse gehört, zur selben Elite.

A:

Oha, lieber Blome, Sie vergleichen hier Äpfel mit Birnen, wenn ich das so sagen darf. Die Brüste, die Ihnen da vorschweben, sind einmal sichtbares Zeichen patriarchaler Strukturen, in denen der weibliche Körper eine Projektionsfläche männlichen Anspruchsdenkens ist, das andere Mal sind sie Symbol der Selbstbestimmung.

B:

Das ist genau der Punkt. Entlang der ach so aufgeklärten Oberschichten-Codes verläuft die Unterscheidung, die Trennung. Aber sie ist künstlich. Au weia, ich rede schon wie ein Gesellschafts-Revoluzzer von unten. Wobei: Die kommen ja meist von oben, nicht wahr, Augstein.

A:

An dieser Stelle hören wir lieber auf.

3. IST SICHERHEIT DIE NEUE SOZIALE FRAGE?

Blome:

Vor einiger Zeit räumte der Berliner Regierende Bürgermeister ein, dass bestimmte Viertel der Hauptstadt bei Einbruch der Dunkelheit nicht sicher seien. Er legte den Bewohnern darum nahe, nach der Arbeit ein Taxi nach Hause zu nehmen, um so U-Bahnhöfe und Plätze zu meiden. Tags darauf wunderte er sich sehr, dass über seinen Worten die Wogen der öffentlichen Empörung zusammenschlugen. Der Mann ist von der SPD.

Die Schwachen brauchen einen starken Staat. Einen SPD-Politiker, der ihnen erklärt, wie sie sich von ihrem eigenen Geld Sicherheit im Alltag kaufen, brauchen sie nicht.

Es ist ein Jammer, aber die Linke verliert sich, weil sie die Verbindung verliert. Früher hieß die wichtigste soziale Frage: Wer schützt die kleinen Leute vor Ausbeutung? Heute heißt sie: Wer schützt sie vor Verbrechen? Sichere Arbeitsplätze und Sicherheit am Arbeitsplatz sind das eine. Sichere Straßen, Bahnen und Wohnungen sind mindestens genauso wichtig. Wer eine gute Versicherung hat, einen teuren Anwalt oder genug Geld für einen neuen Flachbildschirmfernseher, der wird mit den Folgen eines Einbruches fertig. Die anderen aber, die unten, haben das alles nicht und auch keine hohen Zäune. Kriminalität bringt ihre soziale Existenz in Gefahr.

Anders als die Linken es wollen, soll der starke Staat nicht bevormunden und besser wissen. Er soll durchgreifen. Er soll die beschlossenen Gesetze vollziehen und sie, wo nötig, so lange verschärfen, bis Ordnung herrscht. Und es geht ja, ▼

Augstein:

Nirgends wird so viel getrickst, getäuscht und gelogen wie bei der sogenannten inneren Sicherheit. Aber das ist ja auch kein Wunder. Kaum ein Thema bewegt die Menschen so sehr. Der Kollege Blome liefert hier – unfreiwillig – ein lehrreiches Beispiel ab, wenn er schreibt: »Die wichtigste soziale Frage lautet nicht mehr: Wer schützt die kleinen Leute vor Ausbeutung? Sie lautet: Wer schützt sie vor Verbrechen?«

Richtig ist, dass Sicherheit eine soziale Frage ist. Reiche Leute können sich Sicherheit kaufen – der Rest ist auf den Staat angewiesen. Falsch ist, dass Kriminalität ein ärgeres Problem ist als Ausbeutung – hier als Chiffre für soziale Gerechtigkeit verstanden. Die Zahlen, denen der Kollege Blome sonst so viel Gewicht beimisst, sprechen hier eine andere Sprache.

Die gemessene Kriminalität in Deutschland ist stark rückläufig. 2017 lag die Zahl der Straftaten um annähernd zehn Prozent unter dem Wert des Jahres davor. Einen solchen Rückgang gab es in den vergangenen 25 Jahren nicht. Viel weniger Einbrüche und Ladendiebstähle, weniger geklaute Autos und Fahrräder, weniger Körperverletzungen – allerdings rund drei Prozent mehr Morde, deren Zahl in Deutschland im Jahr 2017 auf 785 gestiegen ist. Was fängt man nun an mit dem Zwiespalt zwischen Gefühl und Realität? Es gibt da drei bewährte Methoden: Verleugnung, Verschwörung, Verdrehung.

Für Verleugnung ist Jens Spahn ein gutes Beispiel. Spahn

▼ hat gesagt: »Schauen Sie sich doch Arbeiterviertel in

die Kriminalitätszahlen sind zuletzt gesunken. Aber das weiterhin skandalöse »Vollzugsdefizit« bei Polizei, Gerichten und Behörden ärgert die oben, weil es das abstrakte Versagen des Rechtsstaates dokumentiert, das sie jedoch vergleichsweise selten am eigenen Leib spüren. Für die unten hingegen geht es nicht um Abstraktes, sondern um konkrete Lebensqualität: Kann man mit Kindern noch ins Freibad gehen? Sind die öffentlichen Verkehrsmittel angstfrei? Wer zeigt den Jungbullen in der Viertel-Schule die Grenzen auf?

Das sind soziale Fragen, weil Sicherheit ein soziales Gut ist, das möglichst gleich verteilt sein sollte. Wer Populisten und Rechtsausleger da die Antwort geben lässt, macht sich schuldig. Besonders als Linker.

Essen, Duisburg oder Berlin an. Da entsteht der Eindruck, dass der Staat gar nicht mehr willens oder in der Lage sei, Recht durchzusetzen.« Eben. Wumms mit Ordnung und Recht und Humtata. Der Chef des Bundeskriminalamtes hat zwar gesagt: »Es gibt in Deutschland keine No-go-Areas.« Egal. Der hat eben keine Ahnung.

Die zweite Strategie besteht in der Neigung zu Verschwörungstheorien: Als die Kriminalitätsstatistik veröffentlicht wurde, schrieb auf Twitter eine, sagen wir, besorgte Bürgerin: »Straftaten in Deutschland um zehn Prozent gesunken? Wer das glaubt, der glaubt auch an den Weihnachtsmann.« Das ist eine saubere Sache, so eine Verschwörungstheorie. Vorteil für den Aluhut-Träger: Was jeder weiß, muss nicht bewiesen werden und ist darum auch nicht falsifizierbar.

Das dritte Argument – Verdrehung – ist interessanter: Die Kriminalstatistik spiegelt gar nicht die Wirklichkeit der Kriminalität wider, sondern nur die Arbeit der Polizei. Da ist etwas dran. Wenn alle Polizisten gleichzeitig in Rente gingen, gäbe es keine ermittelten Straftaten mehr, die Statistik sänke auf Null. Dass damit auch das Verbrechen verschwände, ist eher unwahrscheinlich. Umgekehrt wäre allerdings die Vorstellung abenteuerlich, die Polizeistatistik habe gar nichts mit der realen Bedrohungslage zu tun.

Die Mehrheit der Bundesbürger kann sich ziemlich sicher sein: Die Polizei scheint in Deutschland ziemlich gute Arbeit zu leisten. Für Wutbürger und AfD-Wähler gilt dagegen: Ihr müsst jetzt stark sein. Sicherheit soll Gefühlssache bleiben! Lasst euch das nicht durch Fakten kaputt machen! Und der Kollege Blome wird akzeptieren müssen: Das deutsche Sicherheitsproblem ist die soziale Lage, nicht die Kriminalität.

4. »ES GING UM MEHR ALS UM GELD. ES GING UM EINFLUSS AUF DAS EIGENE LEBEN.«

Gespräch mit dem Ersten Vorsitzenden der Industriegewerkschaft Metall, Jörg Hofmann

Blome:

Ich fang mal mit einem Lob an …

Augstein:

Lassen Sie sich nicht von der falschen Seite einwickeln, Herr Hofmann, ich kenn seine Tricks …

Jörg Hofmann:

Machen Sie sich mal keine Sorgen, lieber Herr Augstein, ich bin Schlimmeres gewohnt als Lob von der falschen Seite.

B:

Wieso von der falschen Seite? Es ist doch wahr: Die Gewerkschaften in Deutschland sind etwas Besonderes, die Sozialpartnerschaft ist ein Kern der Sozialen Marktwirtschaft. Die deutschen Gewerkschaften tragen das System mit, anstatt es auszuschlachten oder gar zu bekämpfen. Das muss Sie doch stolz machen?

Hofmann:

Stolz macht mich, dass Deutschland ohne Gewerkschaften anders aussehen würde. Schauen Sie sich um in Europa. Dass die Mehrzahl der Beschäftigten erträgliche Arbeitsbedingungen und sichere Einkommen haben, das gäbe es nicht ohne Gewerkschaften. Auch nicht die relativ geringe Jugendarbeitslosigkeit. Wir sind die Kraft, die für eine Balance zwischen Arbeit und Kapital in einer Marktwirtschaft sorgen muss. Das ist unsere Rolle im System. Ich bin selbstbewusst genug, die richtig einschätzen zu können. Man muss das auch historisch einordnen, wir Gewerkschafter haben immer auch vor Augen: Die Weimarer Republik ist nicht zuletzt daran zerbrochen, dass die Gewerkschaftsbewegung im historischen Moment gespalten war. Geschlossen auftretende Gewerkschaften als aktiver Teil der Zivilgesellschaft, das ist gut für die Demokratie und die Wohlfahrt der gesamten Gesellschaft.

B:

Natürlich ist das gut. Lieber Kollege Augstein, Ihr Zeuge.

A:

Was soll das Gesäusel, wohin führt das? Was hat denn die Rolle der Gewerkschaften heute mit dem Untergang der Weimarer Republik zu tun? Das erinnert mich an Joachim Gauck, als er DGB-Chef Sommer mit ganz viel Dank für dessen Kompromissbereitschaft in den Ruhestand verabschiedete. Das war ein vergiftetes Lob, ein Lob fürs Stillhalten, fürs Mitmachen. Jetzt mal ehrlich, Herr Hofmann: Sie sind Chef der IG Metall, Ihnen müsste doch viel lieber sein, wenn Blome als Kumpel der Konzerne über Ihre harte Tarifpolitik stöhnen würde.

Hofmann:

Ach herrje! Herr Blome stöhnt eben nicht, weil er sieht: Gute Löhne führen zu mehr Nachfrage, und das achte Jahr der guten Konjunktur lebt von der steigenden Binnennachfrage. Das sollten Sie auch anerkennen, Herr Augstein. Wir Gewerkschafter sind ein Machtfaktor in der Gesellschaft und in der Sozialen Marktwirtschaft. Wir entscheiden mit über die Entgeltentwicklung, eine wesentliche Größe der volkswirtschaftlichen Entwicklung. Und wir sind dabei autonom. Vielleicht waren wir zeitweilig auch zu angepasst, zu geschmeidig, das mag sein. Aber im Großen und Ganzen sehe ich das nicht so.

A:

Ist es das nicht, im Sinne des Wortes »opportunistisch«? Sie nutzen die Gelegenheiten aus, die die Verhältnisse bieten, anstatt die Verhältnisse zu ändern.

Hofmann:

Was wir tun, ändert die Verhältnisse, Schritt für Schritt. Natürlich sind Gewerkschaften, um mal im alten Vokabular zu reden, immer reformistische Kräfte – im Unterschied zu revolutionären. Trotzdem müssen wir uns immer wieder neu entscheiden, ob wir uns auf die betriebswirtschaftliche Logik verkürzen, oder ob wir einen gesamtgesellschaftlichen Verantwortungsbegriff verfolgen.

B:

Und wie entscheiden Sie sich? Ich sehe, zum Glück, vor allem die betriebswirtschaftliche Logik.

A:

Von wegen, lieber Blome, neulich haben ausgerechnet mehrere Zentralbanker beinahe zeitgleich das niedrige deutsche Lohnniveau beklagt.

Hofmann:

40 Jahre lang hat die Bundesbank uns damit drangsaliert, dass jede Lohnerhöhung die Inflation nach oben treibe. Von denen lasse ich mir heute keine Vorhaltungen über vermeintlich niedrige Löhne machen.

A:

Auch nicht, wenn die recht haben?

Hofmann:

Sie haben recht in der Schlussfolgerung. Aber ihre Politikvorschläge sind vergiftet. Denen geht es doch nicht um Verteilungsgerechtigkeit, die Sichtweise hat sich bloß geändert: Höhere Löhne in Deutschland sollen zu höheren Importen und weniger Exporten führen, um die Ungleichgewichte in der Euro-Zone zu reduzieren. Da wollen die Zentralbanker plötzlich unsere Verbündeten sein. Darauf verzichte ich gerne. Denn was sie geflissentlich übersehen: Es war nicht die Entgeltentwicklung in tariflich gut organisierten Branchen, die jahrelang zu einem Sinken der durchschnittlichen Reallöhne führte. Es war das Ausufern des Niedriglohnsektors durch die Deregulierung des Arbeitsmarkts. Und das bejubeln die Zentralbanker geradezu. Schizophren, oder?

B:

So, Klammer zu hinter dem kleinen Zentralbanker-Exkurs. Sie sprachen von »betriebswirtschaftlicher Logik« und

»gesamtgesellschaftlichem Verantwortungsbegriff«. Wie entscheiden Sie sich?

Hofmann:

Für die gesamtgesellschaftliche Verantwortung. Das gehört zu unserem Erbgut. Und es ist mehr als notwendig, weil sich die Gesellschaft seit 20 Jahren immer mehr spaltet.

A:

Und Sie haben zugeschaut.

Hofmann:

Sie tun so, als hätten wir allein die Macht im Lande. Ich darf Sie daran erinnern, dass Gewerkschaften in den 90er und nuller Jahren massiv in die Defensive gedrängt wurden. Weite Teile der Parteienlandschaft und der Medien haben einen neoliberalen »Ruck« durch die Gesellschaft gejagt. Alles wurde Shareholder Value, Flexibilisierung und Standortkonkurrenz untergeordnet. Der Osten des Landes wurde deindustrialisiert, deutsche Arbeitnehmer als Kostenfaktor denunziert. Erst seit der Finanzkrise von 2008 hat ein Umdenken stattgefunden. Vielleicht haben wir unsere gesamtgesellschaftliche Verantwortung eine Zeit lang auf die Seite geschoben, gaben nicht klar Kontra zur Deregulierung des Arbeitsmarkts. Das holt uns heute ein. In den vergangenen Jahren gab es in den Exportbranchen der Metall- und Elektroindustrie und auch bei der Chemie sehr ordentliche Lohnentwicklungen, soweit die Betriebe tarifgebunden sind. In weiten Bereichen der Dienstleistungen, auch im Organisationsbereich der IG Metall, war das anders.

A:

Wenn Sie sagen, dass die Entwicklung für die Metaller gut war, für viele andere Branchen und Arbeitnehmer aber nicht – dann hat sich die IG Metall für den Rest der Gesellschaft also nicht zuständig gefühlt?

Hofmann:

Wir haben konkrete Verbesserungen auch für die Beschäftigten am Rande unserer Stammbelegschaften erreicht. Etwa für Leiharbeiter, Werkvertragsbeschäftigte der Logistik. Aber unserem Einfluss sind Grenzen gesetzt. Oft reicht in diesen Randbelegschaften unser Organisationsgrad nicht aus, um da ordentlich Kontra zu geben. Da müssen wir nachlegen. Wir machen auch nicht die Gesetze zu Mindestlöhnen oder zur Stärkung der Tarifbindung. Noch immer ist Tarifflucht zu leicht für die Unternehmer. Wir kämpfen politisch für eine stärkere Tarifbindung und für entsprechende Gesetzgebung.

Kurzum: Wir schauen nicht nur auf den Kern unserer Mitgliedschaft, sondern nehmen die gesamte Wertschöpfungskette in den Blick. Damit signalisieren wir unseren Betriebsräten, Vertrauensleuten und Mitgliedern, dass wir nicht nur an uns allein denken. Wir zeigen, dass wir eine Solidargemeinschaft sind, die sich ihrer gesamtgesellschaftlichen Verantwortung bewusst ist.

A:

Aber die Mitgliederzahlen sinken.

Hofmann:

Bei uns steigen sie. Wir haben immer mehr Hochqualifizierte, mehr Frauen, jüngere Leute, wir werden heterogener. Das ist gut. Damit passen wir uns auch den veränderten Beschäftigungsstrukturen an.

A:

Hängt die Handlungsmacht immer an der Mitgliederzahl?

Hofmann:

Im Wesentlichen, ja.

B:

Wirklich? Seit einigen Jahren muss man den Eindruck haben, die kleinen, spitzen Gewerkschaften holen die dicksten Brocken aus der Suppe. Lokführer, Piloten, Fluglotsen – die lassen die Republik wirklich stillstehen. Werden Sie oder Ihre Mitglieder da nicht neidisch?

Hofmann:

Ach was. Natürlich könnten wir mit nur 500 streikenden Kollegen der IT die komplette deutsche Automobilindustrie lahmlegen. Nach ein paar Tagen brauchen dann rund 800 000 Menschen erst mal nicht mehr zur Arbeit zu kommen. Aber, und das ist das Entscheidende für mich: Die 800 000 erhalten dann kein Entgelt. Wir fühlen uns verpflichtet, an alle zu denken und alle mitzunehmen, übrigens auch die Schlechtergestellten, nicht nur die Porsche-Leute. Beim Solidarprinzip bin ich Glaubenstäter. Unser Ding ist: Flächentarifvertrag statt berufsständische Vertretung wie bei den Lokführern oder den Ärzten, verstehen Sie? Wir stehen für großflächige Solidarität unter vielen statt einem Jeder-gegen-Jeden der kleinen Gruppen und Spezialinteressen. Nicht die Logik: Die Ärzte holen sich den großen Kuchen, für das Pflegepersonal bleiben die Krümel. Sondern gemeinsam für bessere Entgelte und Arbeitsbedingungen. Das trägt sehr stark zur Stabilität der Gesellschaft bei.

A:

Das geht mir nicht weit genug …

B:

… Lieber Herr Hofmann: Mit meinem vergifteten Lob können Sie deutlich besser leben als mit Augsteins Utopien.

A:

Jetzt ist mal Ruhe, Blome. Herr Hofmann, im Ernst: Sind große Gewerkschaften wie Ihre zuständig für die Interessen Ihrer Mitglieder, oder sind sie zuständig für die Umsetzung eines Gerechtigkeitsideals in der Gesellschaft?

Hofmann:

Beides, und wenn Sie darüber kurz nachdenken, werden sie diese Antwort auch für widerspruchsfrei und nachhaltig halten. Wir leben im Kapitalismus. Da werde ich sehr grundsätzlich. Die Verbände und Gewerkschaften haben in Deutschland die Aufgabe, die Arbeits- und Wirtschaftsbeziehungen zu gestalten. Es geht um das Primat der Politik vor dem Markt. Und dies hergestellt durch autonom handelnde Mitgliedsorganisationen, die die »Klassen« repräsentieren. Zivilgesellschaft vor Staat. Das ist demokratietheoretisch ein richtiger Knaller. Uns geht es um mehr als um die Optimierung von Klientelinteressen.

B:

Wenn wir schon bei dem schönen Begriff Gerechtigkeit sind – was ist das? Ist das Gleichheit, wie Augstein sie fordert?

A:

Ich habe nie gesagt, dass Gleichheit Gerechtigkeit ist. Nur dass ungerechte Ungleichheit Ungerechtigkeit ist.

B:

Wow.

Hofmann:

Da kommt der Dialektiker. Und zu Recht. Das bundesrepublikanische Gerechtigkeitsgefühl gründet auf dem Prinzip Leistung gegen Teilhabe. Da wird Gerechtigkeit ganz konkret: Jemand bringt Leistung und erhebt daraus einen Anspruch auf Teilhabe. Man kann das auch Fairness nennen. Solche Fairness erleben längst nicht mehr alle Kolleginnen und Kollegen. Denn was »gerecht« ist, dafür sorgen kollektive Regeln, etwa durch Tarifverträge. Sonst sitzt der Arbeitgeber am langen Hebel. Und das ist ungerecht.

A:

Mir ist das noch zu abstrakt. Ich stelle mir jetzt den Facharbeiter bei VW vor, zu dem Sie sagen: Wir kämpfen für deine Lohnerhöhung und außerdem für eine »gerechte Gesellschaft«. Wenn der nachfragt, »Was meint ihr damit?«, was antworten Sie?

Hofmann:

Die Wertschöpfung einer Volkswirtschaft muss leistungsgerecht verteilt werden. Wenn Kapitaleinkünfte in astronomische Höhen steigen, während die Lohneinkommen stagnieren oder gar sinken, dann geht es ungerecht zu. Solche Phasen hatten wir zur Jahrtausendwende, und in vielen Ländern ist es heute noch so. Vor allem aber antworte ich: In einer gerechten Gesellschaft gibt es sichere Jobs mit sicheren Aussichten für jede und jeden. Denn Arbeit ist immer noch der Platzanweiser in unserer Gesellschaft. Zweitens: Es gibt gute Arbeit, bei der die Gesundheit nicht kaputtgeht. Und drittens sind die Arbeitszeiten so, dass Arbeit und Leben zusammenpassen. Dass die Arbeit keine Last ist, sondern Teil eines erfüllten Lebens.

B:

Haben wir, gemessen an diesem Maßstab, ein gerechtes Land oder nicht?

Hofmann:

Bleiben wir bei dem von Ihnen genannten VW-Arbeiter. Der wird sagen, dass es schwieriger wird, Arbeit und Leben zusammenzubringen, weil die Anforderungen an seine Flexibilität immer höher werden. Er wird außerdem sagen, dass er seinen Arbeitsplatz nicht mehr für so sicher hält wie früher. Unter dem Strich wird er sagen, dass seine Lage so schlecht nicht ist und dass Gewerkschaft und Betriebsrat eine Menge für ihn erreicht haben. Aber – und das ist das Entscheidende – er wird eben auch sagen, dass er in seiner Verwandtschaft und bei seinen Freunden Kollegen kennt, für die das alles so nicht zutrifft und dass deren Zahl zunimmt. Wir haben 2,6 Millionen Menschen im Niedriglohnbereich. Die Angst, eines Tages auch dazuzugehören, nimmt zu, die Angst vor dem Verlust des eigenen Status.

A:

Aber was tun Sie denn dagegen? Mit Tarifverhandlungen über höhere Löhne ist es dann ja nicht getan.

Hofmann:

Sie haben recht, da beginnt die Frage nach der gesamtgesellschaftlichen Verantwortung der Gewerkschaften. Sagen wir, »Du bei VW am Band hast Glück gehabt, du bist bei der

IG Metall in einem Betrieb mit Tarifvertrag«? Oder sagen wir, »Eine Gesellschaft, die unter solchen Spreizungen leidet, kann auf Dauer nicht stabil sein, und es ist darum auch in deinem Interesse, lieber Kollege, dagegen etwas zu unternehmen«? Das Wort dafür ist Solidarität.

A:

Ein schönes, großes Wort.

B:

Stimmt.

Hofmann:

Und es wirkt auch heute. Die Leute kennen den Wert von Solidarität, immer noch. In der Tarifrunde 2018 ging es nämlich nicht in erster Linie um Lohnerhöhungen, sondern um Flexibilität: Menschen, die Kinder haben oder die sich um alte Leute kümmern wollen, brauchen in bestimmten Lebensphasen die Möglichkeit, ihre Arbeitszeiten flexibler zu gestalten. Da hätte der durchschnittliche männliche Facharbeiter im Alter von 45 bis 50 sagen können: »Was geht mich das an?« Hat er aber nicht. Weil er verstanden hat, dass es um seine Zukunft geht, um seine Nachbarschaft, um seine Familie, die Familien seiner Kollegen. Weil er den Wert der Solidarität versteht. Solidarität ist eine Macht.

B:

Jetzt kriegen Sie aber mächtig Temperatur. Wie meinen Sie das?

Hofmann:

Wir haben mehr erreicht als nur ein bisschen mehr Lohn. Wir haben unsere Mitglieder mobilisiert. Wir haben ein gesellschaftspolitisches Thema besetzt und gestaltet. Es ging um mehr als um Geld. Es ging um Einfluss auf das eigene Leben.

A:

Es gab einmal einen Streik in einem Berliner Krankenhaus, der ging auch nicht um mehr Geld, sondern um mehr Arbeitsplätze. Da kam der Vorwurf, es handele sich um einen »politischen Streik«, und der ist nicht erlaubt.

Hofmann:

Unternehmer zu Neu-Einstellungen zu verpflichten, ist vermutlich ein verbotener Eingriff in die unternehmerische Freiheit. Wenn die Kollegen gefordert hätten, dass jeder Pfleger nur fünf Patienten pro Schicht versorgt, wäre das in Ordnung gewesen – und hätte genauso zu mehr Stellen geführt.

A:

Sie weichen meiner Frage aus: Sollte man in Deutschland politisch streiken können, um ein Gesetz zu torpedieren, das mit Arbeitsbedingungen nichts zu tun hat?

Hofmann:

Die Gewerkschaften haben in der deutschen Nachkriegsgeschichte oft politischen Einfluss genommen, Protest organisiert, sind auf die Straße gegangen. Zum Beispiel als es um die Wiederbewaffnung ging, um Notstandsgesetze, Nachrüstung, Einschränkung des Streikrechts. Da haben wir Leute auf die Straße gebracht, und das hatte Wirkung. Politische Einflussnahme hängt nicht von brennenden Autoreifen ab. Die gehören in Deutschland nicht zur Streikkultur, und das finde ich auch gut so.

A:

Herr Hofmann, Sie beschreiben da eine Zeit, in der die Gewerkschaften als eine linke, progressive Kraft wahrgenommen wurden. Aber die Zeiten ändern sich. Auch in Ihren Reihen. Haben Sie keine Sorge, dass in nächster Zeit der Mainstream nach rechts rückt und der Anteil von AfD-Anhängern auch bei Gewerkschaftern wächst?

Hofmann:

Bei den Betriebsratswahlen hat die rechte Splittergewerkschaft keine Rolle gespielt. Wir wissen, dass ziemlich viel Geld dahintersteht, aber die Beschäftigten vertrauen in der übergroßen Mehrheit der IG Metall, den bei uns organisierten Betriebsräten und Vertrauensleuten. Aber natürlich erfassen gesellschaftliche Entwicklungen auch uns. Und der Anteil von AfD-Wählern ist bei uns nicht anders als in der Gesellschaft. Die müssen wir ansprechen und überzeugen, dass dies keine Alternative ist. Nach oben schimpfen und nach unten zu treten, reicht nicht. Wer die Verhältnisse ändern will, muss auf die Solidarität aller Beschäftigten setzen.

B:

Ich glaube, wir müssen uns nicht vormachen, dass es unter Gewerkschaftern bislang keine Fremdenfeindlichkeit gab. Aber früher hatten die Betriebsräte in den Unternehmen noch eine zivilisierende Wirkung. »Mach meinen Kumpel nicht an!«, hieß es da. Funktioniert das noch gegen die neue Fremdenfeindlichkeit?

Hofmann:

Ja, das würde ich schon noch sagen. Aber wenn es um die AfD und Fremdenfeindlichkeit geht, dann haben wir es mit dem Schweigen der Lämmer zu tun. Viele sagen im Betrieb nicht, was sie denken. Rassismus muss Tabu bleiben, aber offene Diskussionen über Migration sollten schon möglich sein, und hier sind wir auch gefordert.

5. AGENDA 2010: JAHRHUNDERTREFORM ODER ANFANG VOM ENDE DER GERECHTIGKEIT?

Blome:

Als die Agenda 2010 unser Land ehrlich machte und das verschattete Unten der Arbeitsgesellschaft ausleuchtete, da waren es fünf Millionen Menschen, die arbeiten konnten, aber keine Arbeit hatten. Fünf Millionen.

Das hat die Agenda 2010 geändert. Natürlich nicht allein, es folgten all die Jahre der Kanzlerschaft Angela Merkels. Aber die Agenda hat mit großer Kraft den Kurs gesetzt. Darum, und sei es nur darum, ist sie eine gute Reform. Eine der besten, die es je gab.

Die Agenda 2010 hat die Regeln auf den Satz gepolt: Sozial ist, was Arbeit schafft. Gesetze, die bis dahin gut nur für jene mit Arbeit waren, wurden so gelockert, dass sie endlich auch denen ohne Arbeit halfen, wieder eine zu bekommen. Deutschland hat nun eine Leiharbeitsbranche und einen Sektor mit vergleichsweise niedriger Bezahlung für Menschen mit vergleichsweise geringer Qualifikation. Das hat manche Gewerkschaften geärgert und vielen Unternehmen genutzt. Millionenfache Arbeitslosigkeit hat die Gewerkschaften weniger geärgert und den Unternehmen nichts genutzt. Besser war das also nicht. Deutschland ist heute im zehnten Jahr des Aufschwungs und nahe an der Vollbeschäftigung.

Dem wirtschaftlichen Erfolg ist die gesellschaftliche ▼

Augstein:

»Der Umbau des Sozialstaates und seine Erneuerung sind unabweisbar geworden. Dabei geht es nicht darum, ihm den Todesstoß zu geben, sondern ausschließlich darum, die Substanz des Sozialstaates zu erhalten.« Gerhard Schröder hat das gesagt, als er in seiner Regierungserklärung am 14.3.2003 die Agenda 2010 verkündete. Das Ziel wurde verfehlt. Der Sozialstaat ist ausgehöhlt. Deutschland ist auf dem Weg zur Klassengesellschaft. Wir sollten uns an den Begriff wieder gewöhnen. Die Zeiten, in denen ein sozialpolitisch eingehegter Kapitalismus »Wohlstand für alle« (Ludwig Erhardt) zumindest möglich erscheinen ließ, sind vorbei. Die Ära der Sozialen Marktwirtschaft ist beendet.

Eine große Enteignung hat stattgefunden. Aber in Deutschland sind nicht die Reichen enteignet worden. Sondern das Volk.

Deutschland ist ein ungerechtes Land geworden. Muss man die Zahlen immer wieder und wieder wiederholen? Über die Verteilung des Nettogeldvermögens, über den wachsenden Anteil, den die – von der Masse der Menschen getragenen – Lohn-, Umsatz- und Verbrauchsteuern am gesamten Steueraufkommen haben, über die Niedriglöhner, die Menschen nahe der Armutsgrenze, über Leiharbeiter und befristete Jobs?

▼ All das ist längst bekannt. Aber die Mehrheit der Leute

Befriedung leider nicht gefolgt: Daran sind verblasene SPD-Funktionäre schuld, rechthaberisch Rachsüchtige wie Oskar Lafontaine sowie eine skrupellose Armutspropaganda.

Sie alle diffamieren die Agenda 2010 als Kahlschlag im Sozialstaat. Sie stoßen sich bis heute wie die Blinden daran, dass die Reformen nicht bei den Bedürfnissen der Arbeitslosen stehen blieben. Ja, wer seine Arbeit verliert, hat Anspruch auf Hilfe der anderen. Aber diese anderen haben Anspruch darauf, dass sich jeder Arbeitslose nach Kräften müht, neue Arbeit zu finden. Ein moderner Sozialstaat ist eine solche Mischung aus Hängematte und Nagelbrett.

Die neuen Gesetze gestalteten darum die Hilfe so, dass man sie wegen mancher unbequemer Bedingungen nicht allzu lange in Anspruch nehmen möchte. Das ist für den Einzelnen mitunter hart, im Ganzen jedoch gerecht. Denn so hat es in einem Sozialstaat zu sein, der auch jener großen Mehrheit Rechenschaft schuldig ist, die ihn fortwährend finanziert, aber nie in Anspruch nimmt. Ein Sozialstaat muss die schützen, die Schutz brauchen, und darf die nicht überfordern, die den Schutz gewähren.

Wenn sich Gerhard Schröder nicht derart schamlos an russische Oligarchen und Autokraten verkauft hätte, man müsste ihm schon zu Lebzeiten ein Denkmal setzen. Für die größte einzelne Sozialstaatsreform seit dem Zweiten Weltkrieg, die eben jenen deutschen Sozialstaat vor Sklerose und Überforderung gerettet hat. Für die Agenda 2010.

zuckt gleichgültig mit den Schultern. »Es bleibt bisher eine offene Frage, weshalb sich nur geringer Widerstand gegen die maßlose Einkommens- und Vermögenssteigerung regt«, hat der Sozialhistoriker Hans-Ulrich Wehler einmal gesagt.

Dabei müsste Wehler die Antwort kennen: Was sind schon Zahlen im Vergleich zu Interessen? Und was ist schon die Wirklichkeit im Vergleich zu den Strukturen der Macht? Die Industrie, die regierenden Parteien, große Teile der Medien, willfährige Forscher und Institute – sie alle helfen, die Tatsachen zu leugnen, zu relativieren, zu ignorieren. Das Kartell der Profiteure ist so stark, dass es auf die Wirklichkeit keine Rücksicht mehr nehmen muss. Es schafft sich seine eigene Wirklichkeit.

Die Ideologen des Neoliberalismus reden gerne von Leistung, die sich lohnen soll. Aber wir leben nicht in einer Leistungsgesellschaft, sondern in einem Ständestaat. In seiner Agenda-Rede hatte Schröder vor 15 Jahren gesagt: »Es darf nicht so bleiben, dass in Deutschland die Chance des Gymnasialbesuchs für einen Jugendlichen aus der Oberschicht sechs- bis zehnmal so hoch ist wie für einen Jugendlichen aus einem Arbeiterhaushalt.« Aber daran hat sich nichts geändert.

Die sozialpolitischen Ziele der Agenda wurden verfehlt. Die wirtschaftspolitischen wurden erreicht. Die Agenda-Politik, die Schröder erfand und die Merkel fortsetzte, hat Deutschlands Wirtschaft gestärkt, aber die Deutschen geschwächt.

II

ÜBERFLUSS

1. WIE ABGEHOBEN IST DIE ELITE?

Augstein:

Blome, Sie tragen da so einen Siegelring. Sind Sie am Ende ein »von Blome«?

Blome:

Das ist kein Siegelring, Sie Prolet.

A:

Oh, aber da sind doch Steine drin.

B:

Das sind zwei kleine Brillanten mit einem Smaragd in der Mitte, ein Bandring. Zusammen mit dem schlichten Goldring ist es die – ich glaube – in England übliche Art, Verlobungs- und Ehering an einer Hand zu tragen.

A:

Wow. Die feine englische Art! Was sind Sie, noch Gentleman oder schon Snob?

B:

Check your privileges, das habe ich von Ihnen gelernt, lieber Augstein. Na schön, ich lass mich darauf ein. Diese Art von Ringen zu tragen, macht mich in der Tat erkennbar, aber nicht für jeden. Wer die Ringe sieht und sie erkennt, gehört mit einer gewissen Wahrscheinlichkeit zu einer bestimmten Gruppe. Er kann den Code lesen und mich deswegen – zumindest oberflächlich – dieser Gruppe zuordnen. Das mögen Sie Elite nennen, aber was sagt das? Nicht jeder, der sich von anderen mit zwei bestimmten Ringen am Finger unterscheidet, wird allein damit Teil einer Elite.

A:

Blome, ich zieh Sie doch nur auf. Ich weiß doch längst alles über Sie – aus einem Portrait, das Moritz von Uslar mal über Sie geschrieben hat: »Er trägt einen goldenen Bandring mit Smaragd und zwei Brillanten. Die Manschetten seines Hemdes sind an den Rändern leicht aufgeribbelt – das ist der Trick von Woody Allen, dem berühmtesten Aufgeribbelte-Manschetten-Träger, eine Abgrenzung des Bürgertums und alten Gelds gegen die Neureichen (wir wissen, was sich gehört, nehmen es damit aber nicht so genau).« Fand ich natürlich ziemlich toll. Aber eben haben Sie das schlimme E-Wort gebraucht: Elite. Was meinen Sie damit? Bildungselite? Herzenselite? Geht es um soziale Nützlichkeit? Einfluss? Zahl der Freunde? Oder doch einfach nur um Geld? Ich kann mit dem Begriff nicht viel anfangen. Ich kenne das Wort aus anderen Gesellschaften, aus Frankreich, England, den USA. Es ist ja interessant, dass die Mutterländer der Demokratie gleichzeitig echt elitäre Gesellschaften sind, in denen die Führungsschicht auf ausgewählte Schulen und Universitäten geht und sich immer wieder aus sich selbst rekrutiert. Das haben wir in Deutschland – noch – nicht. Bei uns taucht Angela Merkel einfach aus der Uckermark auf, wird Kanzlerin und verschwindet dann auch wieder dorthin – jedenfalls hat sie das so angekündigt. Nicht sehr elitär. Das finde ich gut so.

B:

Ihr Ernst? Sind wir hier schon im Sozi-Paradies, wo alle gleich sind und sich liebhaben? Natürlich gibt es in Deutschland eine Elite. In jedem freiem Land gibt es eine Elite. Der Pfiff ist bei uns allerdings: Eine Frau wie Angela Merkel konnte in die politische Abteilung dieser Elite quer einsteigen, mit 35 Jahren, aus dem Osten, gegen die Männer.

A:

Wir haben eine herrschende Schicht. Ich würde die aber nicht Elite nennen, weil in diesem Begriff ein Rest von Respekt steckt, von berechtigtem Herrschaftsanspruch, von »Heritage«, um mal das schöne deutsche Wort zu benutzen. Das sehe ich alles nicht. Ich sehe eine Geldelite, die sich zunehmend vom Rest der Gesellschaft abschottet und am Wohlergehen des Landes desinteressiert ist, weil es für sie keine Rolle mehr spielt.

B:

Ich hätte nicht gedacht, dass Sie so tief in die Mottenkiste greifen. Sicher, Geld allein macht nicht Elite aus, Geld kann korrumpieren und aus guten Menschen schlechte machen. Aber die Reichen hierzulande sind besser als ihr Ruf, sie tun mehr für die Gemeinschaft als andere, weil sie es können und wollen – genau das hat mit Elite zu tun. Die oberen zehn Prozent der Steuerzahler zahlen mehr als 50 Prozent der Einkommensteuer, 180 000 Familienunternehmer in Deutschland beschäftigen acht Millionen Menschen. Natürlich sind die meisten Unternehmer reich, aber sie pflegen ihr Erbe, und sie sorgen in aller Regel gut für ihre Leute. Wir werden ja mit einem von ihnen noch reden. Diese Reichen kann man neben anderen Gruppen als Elite bezeichnen, weil man Respekt haben muss vor der Verantwortung, die sie tragen, und den Dingen, die sie tun.

A:

»Sie sorgen gut für ihre Leute«, willkommen in der Feudalzeit. Sie singen das Hohelied des patriarchalischen Unternehmertums, des Gutsherren, der immer freundlich zu seinen Landarbeitern ist. Abgesehen davon, dass das nicht meinen Vorstellungen einer modernen Gesellschaft entspricht, gibt es solche Unternehmer sicher. Aber sie prägen nicht mehr das Bild unseres Kapitalismus. Das tun die angestellten Manager, denen das langfristige Wohlergehen ihrer Angestellten und in Wahrheit auch ihrer Firma vollkommen gleichgültig ist, weil sie wie Profit-Nomaden in ihrem eigenen Karriereleben unterwegs sind. Sie sehen schon – auch ich bin ein Freund des rheinischen Kapitalismus, aber wenn Sie ehrlich sind, müssen Sie zugeben, dass der schon lange auf dem Rückzug ist. Das Bild des heutigen Kapitalismus wird von solchen Black-Rockern wie Friedrich Merz geprägt, der für einige Leute in der CDU und übrigens auch im Springer-Verlag ja immer noch als Lichtgestalt der Hoffnung taugt.

B:

Ach was, BlackRock, die US-Firma, bei der Merz arbeitet, ist im Großen und Ganzen eine Kapitalsammelstelle wie die Allianz oder irgendeine Lebensversicherung, die das Geld ihrer Kunden anlegt. Und der rheinische, kommod-gemütliche Kapitalismus ist in der Globalisierung weitgehend untergegangen, ja, aber mit ihm immerhin auch Klüngel, Korporatismus und der schöne Satz: »Beziehungen schaden nur dem, der sie nicht hat.« Die Kehrseite sind die globalen Bonus-Söldner, da haben Sie einen Punkt. Die kämpfen nicht für eine Idee oder ein Produkt, sondern nur fürs Geld, das sie selbst dann noch verlangen, wenn sie scheitern. Diese Vorstands-Versager und Gier-Banker sind nie und nimmer Teil der Elite, so wie ich sie verstehe, nicht dieses parasitäre Pack. Wer als Topmanager sein Unternehmen in den Dreck fährt und beim Aussteigen kalt lächelnd seinen Erfolgsbonus kassiert, weil er es so in seinem Vertrag stehen hat – der hat zwar Millionen, aber keine Moral und keine Ehre. Beides gehört aber dazu, wenn man Elite sein will, man hat die Wahl. Das klingt altmodisch, aber interessanterweise hat gerade die untere Hälfte der Gesellschaft ein sehr feines Gespür dafür, was Ehre und Anstand derer da oben gefälligst zu sein hat.

A:

Ihnen schwebt da ein Pippi-Langstrumpf-Kapitalismus vor: Sie wollen sich die Geld-Welt machen, widdewidde wie sie Ihnen gefällt. Sie glauben an einen aristokratischen Corpsgeist, der dem Kapitalismus so etwas wie ein moralisches Gerüst geben kann. Aristokratie ist das Stichwort. Ich habe tatsächlich das Gefühl, Sie reden da von einem erblichen Herrschaftsanspruch. Das passt zu Ihrem Siegelring, der keiner ist. Natürlich lehne ich das ab. Das hat weder mit Demokratie zu tun noch mit Leistungsgesellschaft. Das ist das Gegenteil von beidem. So eine aristokratische Elite braucht Deutschland sicher nicht. Und außerhalb des Auswärtiges Amtes gibt es sie zum Glück auch nicht mehr – und dass sie sich dort gehalten hat, ist in Wahrheit ein viel zu wenig beachteter Skandal.

B:

Elite ist Avantgarde aus eigenem Antrieb. Elite ist für mich die heterogene Gruppe, die das Land voranbringt. Geistig, gesellschaftlich, mit neuen Ideen und einer unverbrüchlichen Haltung. Mit Innovationen, Investitionen, mit Wachstum. Es sind zugleich die Leute, die durchhalten, wenn es weh tut, und haften, wenn es schiefgeht. Dazu gehören natürlich auch

Menschen, die das, was sie einsetzen, vorher geerbt haben: Geld, Verstand, Bildung. Warum soll man manche der Voraussetzungen, um zu einer so verstandenen, ehrbaren Elite zu gehören, nicht erben dürfen?

A:

Was Sie als Vorteil bezeichnen, ist in Wahrheit das Problem: Solche Eliten, von denen Sie da reden, reproduzieren sich selber, das bedeutet, sie haben ein Interesse daran, dass die Gesellschaft nicht durchlässig ist, sie wollen sich abschotten und die Zugänge zu Chancen nur ihresgleichen eröffnen. Die Folgen sehen sie in den USA. Solche Eliten dienen nicht dem Land, sondern nur sich selbst. Es ist geradezu Aufgabe des Staates, das aufzubrechen, diese Elitenbildung zu verhindern. Eliten sind Feinde der Demokratie.

B:

In südamerikanischen Obristen-Diktaturen war das vielleicht so. Aber ansonsten ist das eine ganz olle Neid-Debatte, nur in Demokratie-Alarm umgerubelt. Sie wollen die Elite mit maximalen Unterstellungen unmöglich machen, weil Sie Ihr den Status und die Strahlkraft neiden. Wirft der SPIEGEL nicht mehr so viel Gewinn ab?

A:

Ich halte Neid nicht von vornherein für eine schlechte Kategorie – Neid kann auch bedeuten, dass man Leuten etwas nicht gönnt, das ihnen tatsächlich nicht zusteht. Ich zum Beispiel wäre nie auf die Idee gekommen, nur aus dem Erbe meines Vaters einen Anspruch auf Einfluss abzuleiten.

B:

Das unterstelle ich nicht. Aber es ist doch evident, dass Ihnen Ihr Erbe – nicht nur finanziell – die Tür zu solcher Einflussnahme zunächst viel weiter aufgemacht hat als zum Beispiel mein Erbe mir. Warum auch nicht?

A:

Sie haben recht, das war mir immer bewusst. Dennoch war ich immer dafür, dass der Staat zum Beispiel die Erbschaftsteuer drastisch erhöht, auch wenn mich das eine Menge Geld gekostet hätte. Und ich habe mein Geld sicher auch deshalb in den Freitag investiert, weil ich das Gefühl hatte, dass mit dem Erbe eine Verantwortung einhergeht.

B:

Aha. Aber Sie hätten das geerbte Geld doch gar nicht investieren können, wenn es Ihnen von der Erbschaft- oder Vermögensteuer vorher weggenommen worden wäre? Der springende Punkt ist: Sie als Erbe tun mit dem Geld etwas, das der Staat mit demselben Geld nicht hätte tun können. Das ist gut so. Meinen Segen haben Sie.

A:

Ein Erbe kann sich aber auch Autos, Drogen und Frauen kaufen, und der Staat lässt ihm das Geld trotzdem. Das gehört für mich zur Ungerechtigkeit.

B:

Sie haben gesagt, der demokratische, marktwirtschaftliche Staat muss die Eliten fürchten, weil sie für das Gegenteil von Gleichheit und Leistungsprinzip stehen. Ich habe nicht das Gefühl, dass sehr viele Leute die Elite generell als Feind ihrer

Demokratie sehen. Sie ärgern sich eher darüber, dass manche Teile der Elite sich nicht an die Regeln halten, denn sie legen an die Elite härtere Maßstäbe an als an sich selbst, zu Recht, wie ich finde. Aber noch einmal: Warum wollen Sie Aufstiegsbiographien rückabwickeln, indem Sie das Vererben unter Strafe stellen? Warum ist es undemokratisch und nicht marktwirtschaftlich, seine Kinder am eigenen Erfolg teilhaben zu lassen – den die Kinder im Übrigen sehr schnell auch wieder verspielen können?

A:

Blome, Abschottung ist immer schlecht – das gilt für das Kopftuchghetto Unten ganz genauso wie für das Reichenghetto Oben. Die Demokratie braucht Begegnung, Austausch, die offene, durchlässige Gesellschaft, in der die Leute miteinander in Berührung kommen und reden können. Natürlich ist das eine Fiktion – aber an dieser Fiktion müssen wir festhalten. Sie ist konstituierend für uns.

B:

Völlig richtig. Ich glaube nur, anders als Sie, dass nicht die Reichen das eigentliche Problem sind. Nicht die Geldelite schottet sich in gefährlichem Maße ab. Die selbst ernannte Habitus- und Haltungselite, die sich für aufgeklärter und darum für etwas elitär Besseres hält, die spaltet das Land. In unserer Phoenix-Sendung habe ich diese Gruppe eine Zeit lang »Bionade-Linke« genannt: Leute, die jeden Zuckerwürfel dreimal umdrehen, ihre Dreijährigen in den Chinesisch-Unterricht stecken, das Rind, das für ihr Schnitzel geschlachtet wird, beim Namen kennen – und das alles zum einzig akzeptablen Lebensstil erklären. Diese Gruppe schaut über die unten schweigend hinweg, als wären die Unerleuchteten gar nicht da. Sie wollen sie nicht einmal mehr missionieren und zu sich herüber- oder hochziehen wie früher die linken Gemeinschaftskunde-Lehrer. Sie sind sich selbst genug, das nenne ich elitär. Erinnern Sie sich an Michelle Obama? Sie wurde im Wahlkampf von den Trump-Rabauken wirklich übel angegangen, keine Frage. Ihre Antwort war: »When they go low, we go high.« Da hatten alle Bionade-Thai-Chai-Latte trinkenden Einkind-Mütter hinter dem Steuer ihrer SUVs Tränen in den Augen – und das ist das Problem. »Wenn Ihr da unten ein Stück tiefer sinkt, gehen wir hier oben noch ein Stück höher«, sagte Michelle Obama in Wahrheit. Elite sein heißt aber nicht, sich möglichst weit von den anderen abzuheben. Wirklich nicht.

A:

Das setzen Sie tatsächlich gleich? Echte, demokratisch nicht legitimierte Herrschaft durch Eliten, die unser System eines Tages in eine Legitimationskrise bringen könnten, mit einem moralischen oder ästhetischen Geschmacksdiktat irgendwelcher urbaner Wichtigtuer? Blome, bis eben hatte ich das Gefühl, wir führen eine ernste Unterhaltung. Jetzt denke ich, Sie wollen mich verschaukeln.

B:

Augstein, darauf eine Holunder-Globuli-Bionade.

2. SIND DIE RENTNER DAS NEUE OBEN?

Blome:

Wenn eine alte Frau im Müllkorb nach Pfandflaschen sucht, tut sie das nicht freiwillig, sondern weil sie muss. Die Frau und die Not sind dreierlei: Sie sind real. Sie sind eine Schande für ein so reiches Land wie unseres. Und sie sind ein sehr, sehr kleiner Teil des ganzen Bildes.

Das sieht so aus: Gut 500 000 von deutlich mehr als 20 Millionen Rentnern beziehen Grundsicherung im Alter, das Hartz IV der Rentner. Das sind rund 2,5 Prozent, in der Gesamtbevölkerung ist der Anteil der Hartz-IV-Empfänger weitaus höher.

Wie passt das mit der Rentenstatistik zusammen? Danach hatten nach letztverfügbaren Zahlen 53 Prozent der Frauen und 24 Prozent der Männer weniger als 700 Euro Rente im Monat und lagen damit unter dem durchschnittlichen Grundsicherungsbedarf von etwa 800 Euro. Antwort: Zu zweit ist man seltener arm. Die meisten sind mit einem ebenfalls Rente beziehenden Partner verheiratet und/oder haben zusätzliche Alterseinkünfte. Sie haben also mehr als allein ihre gesetzliche Rente.

Das ist der springende Punkt.

So verfügten Ehepaare über 65 Jahre im Bundesschnitt 2017 über ein Bruttoeinkommen von 3031 Euro, netto haben sie 2543 Euro zur Verfügung. Davon können viele Familien mit Kindern nur träumen. 57 Prozent der Ehepaare und 44 Prozent der Alleinstehenden über 65 haben neben der gesetzlichen Rente noch andere Einkommen. Über 40 Prozent der Rentner ▼

Augstein:

Altersarmut ist eine Schande – für das Land und für die Gesellschaft. Wer nicht mehr viel Zeit hat, der soll sein Leben in Würde verbringen können. Und wenn es ein Menetekel gibt für den sozialen Niedergang, den wir der Globalisierung und der neoliberalen Revolution verdanken, dann sind es die Bilder aus den Städten, auf denen alte Menschen zu sehen sind, die im Müll nach Pfandflaschen suchen. Daran dürfen wir uns nicht gewöhnen. Aber daran haben wir uns schon gewöhnt. Und es sind Leute wie der Kollege Blome, die dafür gesorgt haben, dass wir unseren eigenen Augen nicht mehr trauen.

Blome sagt, die alte Frau, die im Müll nach Pfandflaschen sucht, sei nur »ein sehr, sehr kleiner Teil des ganzen Bildes«. Das ganze Bild zeigt ihm eine deutsche Rentnerschaft, der es gut geht, die in Wahrheit das neue soziale Oben ist und die nur von einer öffentlichkeitsabhängigen Wohlfahrtslobby künstlich arm gerechnet wird. Ist das so?

Im Jahr 2016 erhielten 8,6 Millionen Rentner eine Altersrente von weniger als 800 Euro monatlich. Das entspricht einem Anteil von 48 Prozent aller Rentner. 62 Prozent der Renten liegen demnach unter 1000 Euro. Von den Renten unter 800 Euro sind 27 Prozent der Männer und 64 Prozent der Frauen betroffen. Die Zahlen stammen aus einer Antwort der Bundesregierung auf eine Anfrage der Linken, und selbst der rosigste Schönredner

▼ kann sie nicht bestreiten – er kann sie nur anders auslegen.

wohnen mietfrei im Eigentum. Alleinstehende Männer haben immerhin durchschnittlich 1614 Euro netto im Monat, Frauen 1420 Euro.

Das jahrzehntelange politische Werben für zusätzliche Altersvorsorge hat also gefruchtet. Darüber könnten die Wohlfahrtsverbände sich freuen. Tun sie aber nicht. Denn die Wohlfahrtslobby lebt davon, die Alten arm und sich selbst wichtig zu reden.

Auch die »Welle künftiger Altersarmut« wird keinesfalls in dem Ausmaß hereinbrechen, wie sie düster beschworen wird. Laut offiziellen Prognosen steigen die Renten bis 2030 um fast 34 Prozent und damit stärker als die Grundsicherung – und als die Preise. Bedeutet: Die Rentner der nächsten Generation werden sich mehr als heute von ihrer künftigen Rente leisten können.

Alle diese Befunde stammen von der Bundesregierung, die dennoch den Blick starr auf den »Eckrentner« fixiert hält: 45 Jahre ohne Unterbrechung immer Durchschnittsverdienst, derzeit gesetzlicher Anspruch rund 1200 Euro im Monat. Und sonst nichts.

Aus solchen Annahmen kann nur Murks werden, zum Beispiel die energisch betriebene Stabilisierung des Rentenniveaus bei 48 Prozent des Verdienstes. Den wirklich Armen nutzen auch 48 statt 45 Prozent ihrer Mini-Ansprüche nichts. Ebenso geht die geplante »Solidarrente« für Geringverdiener an den wirklich Bedürftigen vorbei, weil sie fast allesamt die erforderlichen 35 Berufsjahre nicht beisammen haben.

Ein Viertel aller grundsicherungsbedürftigen Rentner hat nämlich so gut wie nie in die Rentenkassen eingezahlt. Ein Drittel der Bedürftigen war vor der Rente Hartz-IV-Empfänger. Ein weiteres Drittel bezog Grundsicherung wegen Erwerbsminderung. Solche Umstände sind es, die Altersarmut ▼

Augstein ▼

Nicht die absolute Höhe der Renten sei ausschlaggebend, sondern der tatsächliche Lebensstandard. Ja tatsächlich. Viel Menschen, die heute Rente beziehen, hatten einmal gute Gehälter, sie hatten gewerkschaftlich gesicherte Tarifverträge, sie konnten sparen, ein Haus bauen, eine Wohnung kaufen. Sie lebten in einem mehr oder weniger funktionierenden Sozialstaat, der die Würde der Arbeit noch schützte. Aber diesen Sozialstaat gibt es nicht mehr. »Wohlstand für alle« war der Slogan des CDU-Politikers Ludwig Erhard. Wir leben in einer Zeit, in der Wohlstand mit normaler Arbeit kaum noch erreichbar ist. Und die Rentner, für die heute das Geld heute vielleicht sogar noch reicht, wissen: Für ihre Kinder wird es nicht mehr reichen.

Die Geschichte der Rentenpolitik in den vergangenen 20 Jahren ist eine Geschichte der Entsolidarisierung. Die berüchtigte Riester-Rente war der ideologietrunkene Versuch, den sogenannten »Markt« als Instrument der Altersvorsorge zu nutzen. Das Projekt ist gescheitert. Es hat nur den Finanzkonzernen geholfen.

In ihrer ganzen Todesangst hat die SPD inzwischen begriffen, dass die Aussicht auf eine sichere und auskömmliche Rente zu den wichtigsten politischen Gütern der Sozialen Marktwirtschaft gehört. Darum hat sich der SPD-Politiker Olaf Scholz in seiner Rolle als Finanzminister eine Stabilisierung der Rente bis 2040 auf die Fahnen geschrieben – sehr zum Verdruss der Union, die die Zeiten Norbert Blüms lange hinter sich gelassen hat.

Am eigentlichen Problem der Renten ändert das aber nichts: Wer als Rentner arm ist, war schon vorher arm. Nicht die Renten sind das Problem, sondern die Löhne. Die Armut ist das Problem. Altersarmut ist nur ein Aspekt der Prekarisierung der sogenannten unteren Schichten. Wer sein Leben lang

▼ so gut wie gar nicht in die Rentenkasse einzahlt oder

schaffen. Aber Parteien und Lobby machen lieber Politik für die 20 Millionen, denen es gut geht.

Das ist zynisch.

Wer der Frau helfen will, die im Müll nach Pfandflaschen wühlt, der muss sehen: Wer nie oder zu wenig eingezahlt hat, bekommt im Alter kein genuines Problem mit der Rente. Der hatte ein Problem mit seinem Erwerbsleben. Ihm kann gezielt geholfen werden. Die Renten-Gießkanne der Armutslobby hilft ihm nicht.

Augstein ▼

wer Hartz-IV-Empfänger ist, der bekommt später außer der sogenannten Grundsicherung nichts.

Wer also gegen Altersarmut angehen will, muss dafür sorgen, dass die Menschen anständig bezahlte Arbeit bekommen. Aber die gibt es eben im globalisierten Kapitalismus nicht mehr für jeden.

3. OHNE EWIGES WACHSTUM KEINE DEMOKRATIE?

Blome:

Warum war Deutschland über Jahrzehnte so beneidenswert stabil? Weil die Soziale Marktwirtschaft Wohlstand für sehr viele garantierte sowie Schutz vor Elend für jene, die es nicht schafften. Wenn die Leute an dieses doppelte Versprechen nicht mehr glauben, dann ist nach alter Lesart die deutsche Demokratie in Gefahr. Da stimmen Sie mir doch zu, Augstein, oder?

Augstein:

Das ist ja ein düsteres Bild des Deutschen, das Sie da zeichnen. Man muss ihn sozusagen dafür bezahlen, dass er nicht schon wieder einen Weltkrieg anfängt. Glauben Sie wirklich, dass wir so wenig gelernt haben?

B:

Die Deutschen haben sehr wohl aus den düsteren Teilen ihrer Geschichte gelernt, da ist mir nicht bange. Aber der Zusammenhalt der deutschen Gesellschaft, ihre systemische Friedfertigkeit, das hat viel auch mit Wohlstand zu tun, mit Aufstieg und dem urdeutschen Deal: Wenn du dich anstrengst, geht es dir gut und deinen Kindern einmal besser. Bedeutet: Wenn das in Frage steht, schwindet der Zusammenhalt – und ohne Zusammenhalt gibt es auf Dauer keine Demokratie.

A:

Schon wieder Demokratie. Zum zweiten Mal kommen Sie jetzt mit dem großen Wort. Mir ist das in den vergangenen Jahren schal geworden. Im Ernst. Es gibt ja Sätze, wenn man die liest, treffen sie einen wie ein Hammer. Bei mir war das zum Beispiel dieses Zitat des britisch-amerikanischen Philosophen Raymond Geuss: »Der heutige Staat hat faktisch die Aufgabe, die kapitalistische Wirtschaftsordnung aufrechtzuerhalten, für deren störungsfreies Funktionieren und weiteren Ausbau zu sorgen und im Rahmen dessen die Interessen der ökonomischen Eliten durchzusetzen.« Geuss ist nicht als Linksextremist bekannt. Er hat das einfach nüchtern konstatiert. Bei uns sind Staat und Wirtschaft in einem kaum mehr zu trennenden Maße miteinander verwoben. Die öffentliche Hand hat immer mehr Bereiche an die Privatwirtschaft übergeben und ist selber in das Projekt der Kapitalakkumulation verwickelt.

B:

O Mann, Augstein. Sie machen aus einem Zusammenhang eine Verschwörung. Nein, »die Wirtschaft« hat sich den Staat nicht unterworfen, im Gegenteil habe ich gerade eher das Gefühl, dass der Primat der Politik wieder im Kommen ist – leider in seiner populistischen Form, und vor der kann niemand sicher sein. Große US-Konzerne nicht, selbst die gesamte britische Wirtschaft nicht, die gegen den Brexit war, ihn aber nicht verhindern konnte.

A:

Schauen Sie sich mal eine mittelalterliche Stadt in Europa an. Was befindet sich im Zentrum? Die Kirche, das Rathaus, der Markt. Das sind die drei Kräfte, die unsere Zivilisation geprägt haben: Religion, Politik, Wirtschaft. Jetzt dominiert die

Wirtschaft, und alles andere wird entweder irrelevant oder zu ihrer Funktion. Von den westlichen Werten sind nur die übrig geblieben, die sich zählen lassen.

B:

Das sind doch nur Sprüche. Westliche Gesellschaften wurden noch nie allein von westlichen Werten geprägt. Eine Klassengesellschaft wie in Großbritannien oder Frankreich kann westliche Werte pflegen, ebenso eine Gesellschaft ohne Sozialstaat wie in den USA. Und jetzt mal im Ernst: In Deutschland hatten sechs Millionen Arbeitslose und Hitler etwas miteinander zu tun, genauso wie die Stabilität der Nachkriegsdemokratie mit dem Wirtschaftswunder der Sozialen Marktwirtschaft, oder? Angela Merkel hat jahrelang gesagt: »Den Menschen in Deutschland ging es noch nie so gut wie im Augenblick«, und im Großen und Ganzen stimmt das auch. Aber wie geht es weiter? Die Zahlen hier sind spannend: Rund 63 Prozent der zwischen 1955 und 1975 geborenen Männer haben inflationsbereinigt ein höheres Arbeitseinkommen als ihre Väter. Aufstieg geglückt. Wenn der Vater aus dem niedrigsten Einkommensviertel stammte, haben sogar rund 90 Prozent der Söhne mehr als ihre Väter. Aufstieg erst recht geglückt. Lag der Vater jedoch im obersten Einkommensviertel, schafften es nur noch 46 Prozent der Söhne, sich dort zu halten. Welche Geschichte über die Soziale Marktwirtschaft, diesen immerfort fahrenden Aufzug nach oben, erzählen wir denen? Die Soziale Marktwirtschaft muss ihr Versprechen neu formulieren.

A:

In Ordnung, lieber Nikolaus-Grenzen-des-Wachstums-Blome – was wäre denn das Programm einer Neuen Sozialen Marktwirtschaft? Halt, da muss ich ja nur im Internet bei der

Homepage der entsprechenden Initiative nachsehen. Die ist aber, wie Sie vielleicht wissen, ein neoliberaler Lobbyistenverein und hat mit Sozialer Marktwirtschaft nur noch den Namen gemein.

B:

Grenzen-des-Wachstums-Blome … so hat mich noch nie jemand genannt. Ich sag es mit den Worten Ihres Lieblings-Untergangspropheten Heinz Bude: Aus dem Erhard'schen Aufstiegsversprechen ist eine Exklusionsdrohung geworden. »Postkompetitive Verbitterungsstörung«, so nennt Bude das, auweia. Vulgo: Die Angst um das Erreichte ist größer als die Hoffnung auf (noch) mehr. Wenn das um sich greift, dann macht das etwas mit dem ganzen Land, also auch mit der Demokratie. Wie formulieren wir also Ludwig Erhard neu? Mein Vorschlag, erstens: Arbeit und Aufstieg müssen weiterhin deutsche Leitkultur sein. Wir sind weder der Club of Rome noch der Club Med. Zweitens: Denen, die aus tausend Gründen über ihr ehrbares Mittelschicht-Dasein nicht hinauswachsen werden, müssen wir das offen sagen – und sie zugleich beruhigen: Ist so auch in Ordnung! Du bist auch dann ein guter Deutscher, wenn deine Kinder es über deinen Schulabschluss, über dein Reihenhaus nicht hinausbringen.

A:

Sie bringen mich in eine interessante Lage. Eigentlich müsste ich Ihnen zustimmen. Und sagen, ja, das Wachstum kommt an seine Grenzen, weiteres Wachstum ist nur zu Kosten mögliche, die wir nicht akzeptieren wollen: Umwelt, soziale Folgen im Ausland, Gesundheit, Glück – wir leben tatsächlich überall über unsere Verhältnisse. Also müssen die Menschen lernen, ohne den Wachstumsgott auszukommen. Das ist ganz klassisches linkes oder, sagen wir besser: grünes Denken seit den 70er Jahren. Aber ich tue mich sehr schwer damit, Ihnen einfach zuzustimmen. Warum? Weil ich Ihnen kein Wort glaube. Sie versuchen eine positive ideologische Deutung für eine dramatisch zunehmende gesellschaftliche Ungleichheit zu formulieren. Weil Sie jede Hoffnung, jedes Bemühen aufgegeben haben, diese Ungleichheit zu beheben, suchen Sie jetzt eine Rechtfertigung dafür. Da kommt Ihnen die Wachstumskritik gut zupass. Lieber Blome, das ist genial und frech. Aber ich falle nicht auf Sie herein.

B:

Sie missverstehen mich mit Absicht, daran erkenne ich Sie. Nein, ich glaube nicht an die Grenzen des globalen Wachstums wie die Grünen oder einst der Club of Rome. Das waren und sind phantasielose Extrapolationen von Konjunktur- und Rohstoffdaten. Darum geht es mir: Jeder, der will, soll aufsteigen können, das müssen wir sicherstellen. Aber der Schritt von der Grundschule in die Hauptschule war nun einmal leichter als der von der Realschule zum Abitur. Der Schritt von der 2-Zimmer-Wohnung in die 4-Zimmer-Wohnung war leichter als der aus der Mietwohnung ins Eigenheim es sein wird. Unendlicher Aufstieg für alle geht nicht, das hat nichts mir der Rechtfertigung von übergroßer Ungleichheit zu tun. Ich will nur sagen: Es ist individuell und gesellschaftlich in Ordnung, wenn Facharbeiter Facharbeiter sein und ansonsten in Ruhe gelassen werden wollen. Wohlhabende wiederum müssen ihren Kindern erklären, dass »noch wohlhabender« nicht das Ziel sein muss, weil sie es vermutlich nicht erreichen werden. Wenn die Soziale Marktwirtschaft weiter der Kitt unserer demokratischen Ordnung sein soll, dann brauchen wir für diese beiden Gruppen eine neue Erzählung von Sozialer Marktwirtschaft.

A:

Ach so, dann ist es noch besser, als ich dachte: Sie erweisen sich als Knarzkonservativer von altem Schrot und Korn. Es gibt ein schönes englisches Sprichwort für Ihr Gesellschaftsideal: *A place for everyone, but everyone in their place.* Es muss einen Platz für jeden geben, aber jeder muss an seinem Platz sein. Das ist ein feudales Gesellschaftsmodell, das Ihnen da vorschwebt. Es ist spannend, dass ein so kluger Kapitalismuskritiker wie Evgeny Morozov die Zukunft unseres Wirtschaftssystems mit genau diesem Wort kennzeichnet: Feudalismus. Und ausgerechnet ich muss nun die Soziale Marktwirtschaft und den wettbewerbs- und aufstiegsorientierten Kapitalismus gegen Sie verteidigen. Aber bitte. Es beginnt schon damit, dass Sie mit einem falschen Begriff von Wachstum arbeiten. Tatsächlich gibt es irgendwann eine Sättigung sinnvoller materieller Bedürfnisse – übrigens auch das ein altes linkes Argument. Aber es gibt natürlich nie eine Sättigung des Bedürfnisses nach Glück! Wachstum kann auch bedeuten, dass ein Vater heute selbstverständlich mehr Zeit für seine Kinder hat als früher – und dabei keine materiellen Einbußen erdulden muss.

B:

Sättigung. Das ist das Wort. Sättigung meint in meinem Sinne aber eben nicht: Ich habe schon alles aus dem Mediamarkt, und etwas sinnvolles oder spannendes Neues wird eh nicht mehr erfunden. Das haben die linken Anti-Wachstums-Spinner erzählt, mit denen ich auf dem Gymnasium war: »Wir haben doch bald alle einen Walkman, und dann werden alle Walkman-Fabriken arbeitslos.« Nein, die neue Sättigung bedeutet etwas Positives: den Lebensstandard auf dem jeweils aktuellen Konsumniveau zu halten. Das wird das Lebensziel für viele Menschen der oberen Hälfte oder des oberen Drittels sein. Und Sie haben recht: Ein neues Erhard-Versprechen muss nichtmaterielle Werte wertschätzen lernen. Ich meine, dass Teile der gesättigten Mitte heute »mehr Sicherheit« einem »mehr Einkommen« im Zweifel vorziehen, die Jüngeren würden sich für »mehr Zeit« entscheiden. Dieser Umbruch ist erst am Anfang, aber es ist einer wie vor 30, 40 Jahren, als die Durchschnitts-Deutschen zu lernen begannen: Mütter, die arbeiten gehen, sind keine Rabenmütter.

A:

Ah, jetzt nähern wir uns wieder an. Sie haben am Anfang von der demokratisierenden Wirkung des Wachstumsversprechens gesprochen. Das bedeutet ja eigentlich nur, dass die Menschen berechtigte Hoffnung auf Besserung haben können. Wenn diese Hoffnung fehlt, kehren Sie dem System den Rücken und werden leichte Beute für die ideologischen Schwarzmarkthändler. Jede demokratische Gesellschaft braucht das Versprechen, dass der *pursuit of happiness* – die Suche nach dem eigenen Glück – Sinn hat. Dafür braucht es die Möglichkeit gesellschaftlicher Bewegung. Soziale Undurchlässigkeit ist also das Gegenteil von Demokratie. Feudale Gesellschaften sind undurchlässig. Da sind sich Kapitalismus und Sozialismus einig: Wir haben ein anderes Menschenbild.

B:

Das ändert aber nichts an meiner Frage: Was nutzt es, einer wachsenden Gruppe von Menschen von Durchlässigkeit, Aufstieg und immer größerem Wohlstand zu erzählen, obwohl diese Menschen instinktiv wissen, dass es für sie keinen großen Sprung geben wird. Entweder weil ihnen die Möglichkeiten dazu fehlen, oder weil sie schon 20 große Sprünge gemacht haben. Oder, mit dem Blick nach unten: Der wichtigste Aufstieg für arbeitswillige Arbeitslose ist der in eine ordentliche bezahlte Anstellung. Wir haben aber nahezu Vollbeschäftigung und darunter einen Sockel von nicht mehr vermittelbaren Langzeitarbeitslosen und noch nicht vermittelbaren Zuwanderern. Und nu?

A:

Blome, Sie überraschen mich immer wieder. Stellen Sie mir eine Falle? Soll ich Ihnen jetzt die Ballade von der großen Dynamik des Kapitalismus singen? Von der Unvorhersehbarkeit seiner Zukünfte? Mensch, Blome – meinen Sie, Leute wie Zuckerberg oder Bezos haben so in die Zukunft geguckt, wie Sie es jetzt den deutschen Arbeitnehmern empfehlen. Die freie Wirtschaft ist wie die hohe See: Da wartet das Glück oder der Tod.

Sie blenden den Bereich der Gesellschaft, der qua Definition der dynamischste ist, einfach aus. Dabei wird er künftig noch wichtiger werden: die Migranten. Wenn die Politik nur endlich den Rahmen bieten würde, dann könnte die Migration wieder zu einer großen Aufstiegs- und Aufschwungsmühle werden wie damals in den 50er und 60er Jahren. Trotz Automatisierung und Künstlicher Intelligenz gibt es Bedarf an einfacher Arbeitskraft, in der Pflege zum Beispiel oder in den prekären Dienstleistungsberufen. Wir haben schon wieder begonnen, dort gezielt Arbeitskräfte im Ausland anzuwerben, weil es in Deutschland nicht genügend gibt. Auch die Flüchtlinge, die in Deutschland bleiben wollen, gehören zu dieser Migration. Da werden überall die Keime von neuen Aufstiegsbiographien gesetzt.

B:

Solche Biographien sind wunderbar, sie zeigen, wie überlegen unser System all jenen Systemen ist, deren hohes Lied

Sie sonst so singen, lieber Augstein. Aber das ist nur ein Teil der Wahrheit. Der zwischenzeitliche Chef des Bundesamtes für Migration und Flüchtlinge, Jürgen Weise, hat in kleiner Runde einmal mit seiner Erfahrung als langjähriger Chef der Bundesagentur für Arbeit seine Prognose abgegeben. Weise sagte: Ein Drittel der Flüchtlinge findet eine Arbeit, sobald sie Deutsch können. Ein weiteres Drittel werde man mit sehr viel staatlichem Aufwand zumindest zeitweilig in den Arbeitsmarkt bekommen. Und ein Drittel nie.

A:

Das mag sein. Dann hoffen wir eben auf die nächste Generation. Die Vorfahren von Cem Özdemir hätten sich dessen Laufbahn vielleicht auch nicht vorstellen können. Ich finde, Deutschland muss amerikanischer werden. Deutschland sollte das Amerika Europas sein. Wir brauchen einen *German dream* – der die besten und mutigsten Migranten anlockt. Ein neuer »Schmelztiegel«, in dem Menschen aus Europa, dem Nahen Osten und Afrika gemeinsam eine neue Nation erschaffen. Das wäre mal eine Aufstiegsgeschichte, oder?

B:

Ja, aber keine deutsche, wir kommen noch darauf. Natürlich braucht es Zuwanderer und gern die besten, ich bin doch nicht von vorgestern. Aber die Soziale Marktwirtschaft und die Demokratie – die müssen wir schon selber retten.

4. »WIR STÄRKEN DIE MITTE.«

Gespräch mit dem Familienunternehmer Ludwig Baron*

Augstein:

Herr Baron, haben Sie ein schlechtes Gewissen?

Ludwig Baron:

Nein. Warum sollte ich eines haben?

A:

Sie sind reich. Viele Leute sind arm.

Baron:

Mir ist sehr bewusst, dass ich als Unternehmer in einer sehr privilegierten und verantwortungsvollen Position bin.

Blome:

Finden Sie es indiskret, wenn wir hier über Geld sprechen?

Baron:

Ehrlicherweise ja, ich habe zu Hause gelernt, dass über Geld nicht gesprochen wird.

---

* Name geändert

B:

Na, ich glaube, vor allem die, die Geld haben, bringen ihren Kindern bei, dass man über Geld nicht spricht.

Baron:

Bei uns zu Hause wurde tatsächlich nicht über Geld geredet, auch deshalb habe ich mich nicht materiell privilegiert gefühlt, aber irgendwann wird man sich mancher Dinge natürlich bewusst.

A:

Wann war das bei Ihnen?

Baron:

Bei mir kam das von außen. Ich habe als Kind oder Jugendlicher von meinen Kumpels gehört, dass unser Haus als etwas Besonderes empfunden wurde – vor allem wegen des Schwimmbads. Das war bei meinen Kindern und ihren Freunden übrigens ähnlich, die sind jetzt zwischen elf und 18. In meinem Studium dann wusste der eine oder andere etwas mit meinem Namen anzufangen, und man merkt, wie der Blick sich verändert und andere Fragen kommen.

B:

Hat Ihnen das geschmeichelt?

Baron:

Nein, es hat mich eher irritiert. Interessanterweise haben sich besonders die für meine Verhältnisse interessiert, die in einer halbwegs vergleichbaren Lage waren und vielleicht gerade deshalb auch ein wenig neidisch.

B:

Sind Wohlhabende oder Reiche untereinander neidisch?

Baron:

Ganz generell würde ich sagen: Zum Neid gehört eine gewisse Nähe der jeweiligen Verhältnisse. Oder anders: Ich glaube, der Normalverdiener ist – wenn überhaupt – nicht neidisch auf den Reichtum des Sultans von Brunei, sondern auf seinen Nachbarn im Reihenhaus, wenn der ein größeres Auto hat oder öfter in Urlaub fährt. »Nachbarschaftsneid« nennt das die Volkswirtschaftslehre; sie kennt ihn als wichtiges Instrument, um den Konsum anzukurbeln.

A:

Ich glaube, der Normalverdiener weiß gar nicht, was man für Geld alles kaufen kann und um wie vieles Geld das Leben leichter macht. Der Satz »Geld macht nicht glücklich« stimmt auf einem philosophischen Level. Im Alltag ist er eine Lüge, die man den Leuten erzählt, damit sie Ruhe geben.

Baron:

Geld bedeutet vor allem ein Mehr an persönlicher Freiheit und keine materiellen Sorgen. Geld kann damit natürlich zum persönlichen Glück erheblich beitragen. Aber ich kenne, wie Sie wahrscheinlich ebenfalls, auch sehr unglückliche reiche Menschen. Trotzdem denke ich, dass der Blick auf die Welt nicht in erster Linie vom eigenen Geldbeutel geprägt wird. Dafür sind Sie doch selbst das beste Beispiel. Ihre Familie, Herr Augstein, hat doch auch immer viel Geld gehabt.

A:

Nein. Meine Mutter hatte nicht viel Geld – und immer Angst, in die Armut zu stürzen. Das kam noch vom Krieg her, nehme ich an.

Baron:

Auch wenn Sie das nicht glauben: Dieses Gefühl kenne ich aus meiner Familie ebenfalls gut. Seit des Konkurses einer unserer Familienfirmen war die Sorge, alles zu verlieren, bei uns immer greifbar. Außerdem war meine Mutter wie Ihre ein Flüchtlingskind.

B:

Wie groß ist die Firma, die Ihnen gehört?

Baron:

Die Firma macht eine Milliarde Umsatz im Jahr und hat rund 5000 Mitarbeiter, ein Drittel in Deutschland, ein Drittel in Europa, ein Drittel im Rest der Welt. Wir beliefern so ziemlich jede Branche, insbesondere Maschinenbau und die großen Automobilhersteller.

A:

Und das gehört Ihnen allein?

Baron:

Nein, wir sind ein Familienunternehmen mit über 100 Gesellschaftern. Wir sind vollständig im Besitz meiner Familie. Seit bald 100 Jahren, in der vierten Generation. Ich leite dort den Aufsichtsrat.

A:

Wussten Sie von Anfang an, dass Sie für Ihre Generation die Nachfolge antreten?

Baron:

Mein Vater hat vor mir das Unternehmen geleitet, so gesehen war ich näher dran als andere Familienzweige. Aber ich bin nicht von Anfang an davon ausgegangen, dass da etwas auf mich wartet. Ich habe erst einmal Volkswirtschaft studiert, aber vor allem aus Mangel an anderen Begabungen. Irgendwann hat sich dann mein Weg abgezeichnet.

B:

Hätten Sie Nein sagen können?

Baron:

Ja, hätte ich. Aber warum sollte man für andere Unternehmen arbeiten, wenn man stattdessen zum Wohl der eigenen Familie und der eigenen Kinder beitragen kann?

B:

Haben Sie das Gefühl, Ihre Vorfahren gucken Ihnen aus großen Ahnenporträts an der Wand auf die Finger, dass Sie auch ja nichts falsch machen?

Baron:

Interessant, dass Sie das fragen. Ich sammle Porträts und liebe daher tatsächlich unsere Galerie mit den vielen Ahnen. Aber unternehmerisch schaue ich eher nach vorn und frage mich, was ich den kommenden Generationen übergeben werde. Wir nennen dies, das Unternehmen »enkelfähig« machen, was für eine Familie eine große Herausforderung darstellt.

A:

Und wenn es schiefginge?

Baron:

Das kann man nie ausschließen. Als ich Kind war, rutschte ein Teil unseres Verbundes auch durch eigene Fehler tief in die Krise und führte zu dem vorhin erwähnten Konkurs. Mein Vater hat sich das unendlich zu Herzen genommen und es hat ihn zum Alkoholiker gemacht, was dann wiederum zu einer zweiten existenziellen Krise zum Millenniumswechsel beigetragen hat.

B:

Sind Familienunternehmen deswegen eher risikoscheu?

Baron:

Sie sind vorsichtig, dürfen aber nie ängstlich sein. Sie müssen immer bereit sein, unternehmerische Risiken einzugehen, insbesondere jetzt angesichts der Herausforderungen und Umbrüche des anbrechenden digitalen Zeitalters. Ich bemühe mich daher, umsichtig zu agieren, um das Unternehmen nicht in Gefahr zu bringen. Es gibt genug Beispiele von Familienunternehmen, die durch Überheblichkeit Pleite gegangen sind. Die Familie ist im Familienunternehmen bekannterweise die größte Chance und das größte Risiko zugleich.

A:

Wie tief könnten Sie persönlich fallen? Bis auf Hartz IV?

Baron:

Ich hoffe nicht: Es gibt unendlich viele Unternehmer, die haften mit Haut und Haar im Fall einer Pleite. Unser

Familienunternehmen ist gesellschaftsrechtlich anders konstruiert. Zudem haben wir vor weit mehr als einem Jahrzehnt einmal eine Beteiligung verkauft. Der Erlös wurde an alle Familienmitglieder ausgezahlt, cash aufs Konto. Da konnte man sich erstmals auch Träume erfüllen, allen voran den von der finanziellen Unabhängigkeit.

B:

Wie viel war das für Sie?

Baron:

Wie gesagt, man spricht nicht über Geld, aber es war schon ein größerer Betrag, mit dem ich mir meinen Traum von der Unabhängigkeit erfüllen konnte. Ich habe jetzt einen Hof auf dem Land, mit dem ich, komme was wolle, immer selbst das Notwendigste verdienen könnte. Ich bin damit auch von unserem Familienunternehmen und meiner Positionen dort unabhängig. Dies bedeutet eine Sicherheit, nach der vermutlich jeder strebt, die aber nur wenige erreichen.

A:

Längst nicht mehr alle erreichen, würde ich sagen. Geben Sie als Arbeitgeber Ihren Beschäftigten Sicherheit? Können Sie das überhaupt noch?

Baron:

Ich denke schon. Familienunternehmen schneiden bei Vergleichsbefragungen unter Beschäftigten stets sehr, sehr gut ab. Betriebszugehörigkeiten von bis zu 40 Jahren sind bei uns keine Seltenheit, an einigen unserer älteren Standorte arbeiten Mitarbeiter teilweise wie wir in der vierten Generation, und all dies ist nichts Ungewöhnliches in deutschen Familienunternehmen.

Ich glaube, in solchen Unternehmen sind die Interessen von Mitarbeitern und Unternehmern zu 95 Prozent deckungsgleich. Die Idee, das Unternehmen »enkeltauglich« zu machen, bezieht sich also durchaus auch auf die Familien unserer Mitarbeiter.

A:

Das klingt, als gäbe es einen gerechten Kapitalismus. Glauben Sie das?

B:

O Augstein …

Baron:

Zumindest bin ich davon überzeugt, dass der Kapitalismus das Leben der Menschen weltweit ganz wesentlich verbessert hat. In meiner Lebenszeit ist mehr als die Hälfte der Weltbevölkerung der extremen Armut entkommen. Da der Mensch nun einmal ein Selbstoptimierer ist, kenne ich kein anderes System, das diesen Egoismus aus sich heraus so nachweisbar und erfolgreich zum Wohle Schwächerer nutzt.

A:

Immer mehr Menschen haben aber das Gefühl, dass der Kapitalismus ungerechter wird. Spinnen die alle?

Baron:

Ist das so, oder ist vielleicht auch das eine Frage des Blickes auf die Dinge? Der große Verdienst des Kapitalismus ist es doch, dass er trotz seiner systemimmanenten »Gleichheits- und Gerechtigkeitsdefizite« allen eine Teilhabe an einem besseren Leben ermöglicht, auch materiell. Ich empfehle Ihnen in diesem Zusammenhang das Buch *Factfulness* von Hans Rosling, dem schwedischen

Mitgründer von »Ärzte ohne Grenzen«. Darin belegt er sehr sachlich, dass das Zeitalter des Kapitalismus und der Globalisierung weltweit spektakuläre Fortschritte gebracht hat, gerade in den letzten 20 Jahren und gerade auch für die Schwächsten.

B:

Zum Verständnis: Menschen weltweit aus der Armut zu holen, macht die Welt gerechter. Klar. Aber das lässt sich ja nicht auf die Lage in Deutschland anwenden, oder?

Baron:

Noch einmal: Wenn 100 Millionen Menschen weltweit nicht mehr hungern müssen, ist das für mich mehr Gerechtigkeit. Nicht im Sinne von materieller Gleichheit, davon gibt es in Nordkorea – außerhalb von Kim Jong-uns Diktatorenclique – vermutlich mehr als bei uns. Sondern im Sinne von ständig verbesserter Gesundheitsvorsorge, höherer Lebenserwartung, mehr Freizeit und vor allem dem besseren Zugang zu Bildung. Das alles erhöht die Chancen, ein selbstbestimmtes Leben führen zu können. Bei uns stellt sich in diesem Zusammenhang allerdings die Frage, unseren »fortgeschrittenen« Kapitalismus richtig und wieder besser gesellschaftlich zu managen. Wir sollten unsere erfolgreiche Soziale Marktwirtschaft mit *checks and balances* erhalten und wo nötig verbessern. Hierzu sind funktionierende Gerichte, Kartellbehörden und kluge Entscheidungen unserer Politiker notwendig, damit alles in geordneten Bahnen läuft und in der Waage gehalten wird.

A:

Sie sagen »in der Waage gehalten«. Genau daran hapert es. Chancengleichheit ist ein Traum. Mit normaler Arbeit kann heute kaum noch jemand wirklich wohlhabend werden. Und die Vermögen sind immer krasser ungleich verteilt – dennoch ist eine Vermögensteuer tabu. Für Sie doch auch, oder?

Baron:

Die Chancen, wirklich reich zu werden, sind heute höher und gerechter verteilt denn je. Neben dem kostenlosen Zugang zur Bildung bekommt, wer eine Idee hat, von Venture-Capital-Gebern heute jeden denkbaren Betrag, völlig unabhängig von Herkunft, Nationalität, Alter. Früher hatten diese Chance nur wenige privilegierte, reiche Erben.

Und was die Vermögensteuer angeht, habe ich als Wirtschaftswissenschaftler eine klare Meinung: Sie ist wie alle Substanzsteuern im wahrsten Sinne brandgefährlich, da sie auch bei Verlusten erhoben wird und daher in Unternehmenskrisen sehr schnell zum gefährlichen Brandbeschleuniger wird. Damit bedroht sie existenziell die Unternehmen und damit die Arbeitsplätze aller Mitarbeiter.

A:

Geht es auch eine Nummer kleiner?

Baron:

Nein, leider nicht. Ein Beispiel: Bei fünf Prozent Vermögensteuer, wie die Linkspartei im Bundestagswahlkampf forderte, müssten wir pro Jahr zweimal so viel Geld aus der Firma entnehmen wie wir im bisherigen Rekordjahr an die Eigentümer als Dividende ausgeschüttet haben. Wohlgemerkt, nur um die Vermögensteuer zu bedienen. Das heißt, der Staat würde jedes Jahr dem Unternehmen den doppelten Betrag dessen entziehen, was die Gesellschafter jemals als Verzinsung ihres Kapitals erhalten haben. Und zwar Jahr für Jahr, unabhängig davon, ob man Gewinne oder Verluste macht. Wie lange soll das funktionieren, ohne Arbeitsplätze zu gefährden? Und glauben Sie wirklich, dass der Staat diese Gelder besser einsetzt und damit mehr Arbeitsplätze schafft? Der Staat ist ein verdammt schlechter Unternehmer; sehen Sie sich doch nur das Desaster am Flughafen Berlin an.

A:

Herr Baron, Sie sagten eingangs, »Nachbarschaftsneid« sei produktiv, weil er Menschen zu mehr Leistung antreibt – solange sie ein erreichbares Ziel vor Augen haben. Heute sind die Löhne oft so niedrig, dass zwei Elternteile arbeiten müssen, um einer Familie mit Kindern ein anständiges Leben zu finanzieren. Währenddessen wächst der Reichtum der Unternehmer über Nacht.

Baron:

Wundersames Vermögenswachstum über Nacht? Das müssten Sie mir erklären. Ich vermute, das Sie die imaginäre Erhöhung eines theoretischen Unternehmenswertes meinen, den Aktien über Nacht erleben können. Für nicht börsennotierte Unternehmen ist das bloße Theorie. Und wenn unser Familienunternehmen mehr wert ist, sind wir ebenfalls nur in der Theorie reicher, weil sich der Zuwachs nur durch Verkauf realisieren ließe. Wollen Sie das? Glauben Sie, damit wäre der Gesellschaft gedient? Wir glauben das eher nicht und verkaufen aus diesem Grund auch nicht, was unsere Arbeitnehmer zu schätzen wissen. Darum wäre übrigens auch der Unternehmensverkauf der richtige Ansatzpunkt für eine Besteuerung von Unternehmern, nämlich dann, wenn sie ihre Verantwortung gegen Cash eintauschen.

A:

Das klingt schön, aber es ändert nichts an dem gefährlichen Auseinanderdriften der Gesellschaft. Ist Ihnen das egal?

Baron

Natürlich nicht! Ich habe als Unternehmer und als Bürger ein elementares Interesse an einer stabilen und homogenen Mitte in Deutschland.

A:

Aber Herr Baron, die Mitte erodiert. Wenn Sie eine intakte Mitte wollen, dann machen Sie und Ihre Klasse, oder Schicht, wenn Ihnen das lieber ist, etwas falsch.

Baron:

Wenn es tatsächlich die Erosion der Mittelschicht gibt, kann ich nicht erkennen, was die Schuld der Familienunternehmen daran sein soll. Die stellen seit dem Krieg nahezu durchgehend weit mehr als die Hälfte der sozialversicherungspflichtigen Arbeitsplätze und 80 Prozent der Ausbildungsplätze. Wir dürften damit eine Menge tun und getan haben, um die Mittelschicht zu entwickeln und zu stabilisieren.

Unsere Unternehmen bieten Millionen Menschen das, was die Mitte auszeichnet: einen gut bezahlten, sicheren Arbeitsplatz.

B:

Der Zeuge plädiert unschuldig. Was nun, Augstein?

A:

Noch einmal: Wenn man den Verfall der Mitte beklagt, muss die Mitte gestärkt werden – indem man denen unten gibt und denen oben nimmt. Wie sonst?

Baron:

Nach dieser Gleichung bleibt übrigens bei der Mitte alles beim Alten …, aber im Ernst: Die Mittelschicht sollte wieder verstärkt durch richtige politische Weichenstellungen in die Lage versetzt werden, selbst zumindest im bescheidenen Rahmen Vermögen aufzubauen. Dabei sollte man aber – etwa mit Substanzsteuern – tunlichst nicht die Grundlage des Wohlstandes der Mittelschicht gefährden, nämlich anständig bezahlte Arbeitsplätze in den Unternehmen.

A:

Na, wunderbar. Ich sage, die untere Hälfte der Gesellschaft ist zu arm, und Sie sagen: Soll sie doch reicher werden.

Baron:

Unsinn. Ich sage lediglich, dass nicht neue Steuern das Problem lösen, sondern wir Vermögensbildung breiterer Schichten brauchen. Alle sollten an den sprudelnden Produktivgewinnen verstärkt teilhaben, und das könnte jeder mit Aktienfonds, die es 50-Euro-weise gibt, gerne auch staatlich gefördert. Genau so könnte der Staat einen Ausgleich dafür anbieten, dass er die lange Nullzinsphase mit verursacht hat, welche die Sparguthaben und Lebensversicherungen seiner Bürger entwertet. Der Staat könnte zum Beispiel steuerliche Anreize zum Kauf selbst genutzter Immobilien schaffen sowie sozial Schwächeren oder Familien mit öffentlichen Bürgschaften oder zinslosen Krediten den Eigenanteil ermöglichen, den man zum Wohnungskauf mitbringen muss. Wie kann der einfache Arbeiter heutzutage besser Vermögen bilden und fürs Alter vorsorgen, als durch selbst genutzte Immobilien oder durch Unternehmensaktien? Der Dax ist in den letzten zehn Jahren jedes Jahr um durchschnittlich neun Prozent pro Jahr gestiegen, die Sparguthaben im selben Zeitraum mit Glück um ein bis zwei Prozent.

B:

Das finde ich ja alles richtig, nur neu ist es nicht. Die Deutschen sparen nach wie vor auf dem Sparbuch und der Schock der Telekom-Aktie sitzt vielen immer noch in den Knochen. Das können Sie nicht allein der Politik zuschieben.

Baron:

Doch, es gibt eine politische Verantwortung. Die Nullzinspolitik der EZB, die zur Nichtverzinsung der klassischen Geldanlagen geführt hat, ist politisch willkommen, denn die Politik ist hier Nutznießer. Daneben verteufeln Presse und Teile der Politik weiter Aktien- und Immobilienkäufe als »Spekulation« – und beklagen im selben Atemzug die ungleiche Vermögensbildung. Ein besonders spektakuläres Beispiel von krassem Politik- und Gesellschaftsversagen ist der alte Flughafen Tempelhof in Berlin. Am Rand dieser riesigen Freifläche könnte im großen Stile öffentlich bebauter, bezahlbarer und ökologisch wertvoller Wohnraum in einem der zentralsten und angesagtesten Teile der Stadt entstehen. Das hätte einkommensschwachen Familien ein sicheres, bezahlbares Zuhause ermöglicht. Aber die Politik hat nicht wirklich ernsthaft versucht, ein solches Projekt auf die Beine zu stellen und politisch zu bewerben. Am Ende hat dann eine Mehrheit der Bürger per – übrigens nicht bindender – Volksabstimmung beschlossen, die gesamte Fläche unbebaut zu lassen, damit die saturierte Mehrheit dort 340 Hektar Auslauf und Entertainment statt Tausender Sozialwohnungen hat. Purer politischer und gesellschaftlicher Zynismus!

B:

Naja, natürlich ist das ein Witz. Aber letztlich zeigt Tempelhof nur die Unfähigkeit eines SPD-geführten Senats, eine an sich sehr soziale Politik mehrheitsfähig zu machen. Ich finde, das sagt nicht so viel über mögliche oder tatsächliche Ungerechtigkeit im Land oder flächendeckendes Politikversagen. Wo Augstein und ich wenigstens in Maßen übereinstimmen, das ist bei der Bildung: Wenn Bildung nicht von Anfang an fair verteilt wird, kann man hinterher selbst mit der krassesten Reichensteuer nichts mehr heile machen.

A:

Ja, lassen Sie uns über Bildung reden. Noch eine Klischee-Frage: Schicken Sie Ihre Kinder auf eine Privatschule?

Baron:

Ja, anders als meine Eltern es mit mir gemacht haben.

B:

Warum?

Baron:

Kinder auf eine Privatschule zu geben, brachte in meiner Jugend keine Lernvorteile im Vergleich zu einer staatlichen Schule und hatte eher noch ein ungutes Geschmäckle. Das ist heute anders. Wir haben unsere Kinder auf einem Internat, sie werden dort einfach besser auf die Zukunft vorbereitet, gerade bei Sprachen, aber auch bezüglich Kreativität und politischer Bildung, übrigens auch über soziale Projekte. All dies könnten öffentliche Schulen auch, es müsste nur der politische Wille dafür da sein und das Geld dafür in die Hand genommen werden. Der Staat hat davon genug, wie die anhaltend sprudelnden

Steuereinnahmen zeigen. Für ein nationales Bildungsprojekt würde ich übrigens sofort für einen Bildungs-Investitionsfonds unter Beteiligung möglichst aller Unternehmer werben.

A:

Ist es nicht so, dass die Reichen dem Staat grundsätzlich misstrauen? Auch in der Bildung?

Baron:

Nein. Ich glaube, dass neun von zehn Reichen ihre Kinder lieber auf eine staatliche Schule geben würden, damit sie so normal wie möglich aufwachsen und ganz nebenbei viel Geld sparen.

B:

Aber sie tun es nicht?

Baron:

Nein, sie tun es nicht, denn wiederum neun von zehn sind nicht bereit, ihren Kindern schlechtere Erziehung zukommen zu lassen. Jeder will das Beste für seine Kinder, und vor 20 Jahren war das Beste für die Kinder, auf eine gute öffentliche Schule zu gehen, was übrigens auch zur Durchmischung der Gesellschaft beigetragen hat. Im örtlichen Sportverein und für die Jungen in der Bundeswehr kam übrigens noch einmal einige Zeit dazu, in der ganz unterschiedliche Hintergründe zusammentrafen. Wiederum gut für die Gesellschaft und gut für den Zusammenhalt. Heute gibt es keine Wehrpflicht mehr, die Sportvereine leiden aufgrund der neuen Medien an Nachwuchsmangel, und ein Soziales Dienstjahr will niemand durchsetzen – ich wäre klar dafür. Noch mal: Es ist der politisch verursachte Qualitätsverfall der Schulen, der zur Flucht in private

Schulsysteme führt und nicht der Wunsch der Reichen nach Abschottung. Diesen Wunsch gibt es nicht, schon allein, weil sich daraus auch keinerlei Vorteile ergeben.

A:

Aber es läuft doch auf Abschottung hinaus. Was kennen Sie oder Ihre Kinder vom ganz normalen Leben in Deutschland?

Baron:

Ich glaube, sie führen ein normales Leben in Deutschland, wohl wissend, dass sie materiell privilegiert sind.

B:

Jetzt mal die Kinder beiseite gelassen. Tragen »die da oben« eine besondere Verantwortung dafür, dass die Entmischung gebremst und der Zusammenhalt gestärkt wird?

Baron:

Ich bin ja bei Ihnen, die Gesellschaft entmischt sich zunehmend, das macht mir Angst. Aber es hängt viel weniger mit der Vermögensverteilung zusammen als mit schlechter Schulbildung oder anderen politischen Entscheidungen, wie dem Wegfall der Wehrpflicht oder fehlender Unterstützung bei der Vermögensbildung für Familien. Der Schlüssel zurück zu einer nachhaltig gemischten Gesellschaft liegt in der Hand der Politik, wo er übrigens auch hingehört, und nicht in der Hand der Reichen, wen immer Sie damit meinen. Es hilft deshalb auch nicht, dass viele Medien zunehmend Reich-Arm-Feindbilder produzieren und damit die Gesellschaft weiter auseinandertreiben.

A:

Glauben Sie wirklich, dass solche Feindbilder produziert werden?

Baron:

Ja, das glaube ich, und Ihre Texte produzieren kräftig mit.

A:

Das täte mir leid. Ich habe überhaupt nichts gegen Reichtum. Ich habe etwas gegen verantwortungslosen Reichtum. Und der ist trotz all der tollen Familienunternehmer auf dem Vormarsch, dieser Typus Manager, der sich nicht an die Regeln hält und selbst dann noch seinen Bonus kassiert, wenn er sein Unternehmen an die Wand geknallt hat. Oder dieser Schlag Leute, die gerade noch legal ihr Geld in der Karibik parken – wir erinnern uns: Paradise Papers – und so deutsche Steuern sparen.

B:

Was Augstein meint und womit er vielleicht recht hat: Wenn das offenkundig Unanständige im System leider doch legal ist und es auch keine sozialen Sanktionen gibt, dann steigen die Leute aus, die Gesellschaft spaltet sich. Aber mal praktisch: Wenn Sie in Ihrem Golfclub so einen Manager-Egoisten oder Gier-Banker hätten – würden Sie den dort rauswerfen? Damit er wenigstens von seinesgleichen erfährt, dass man nicht tut, was er tut?

Baron:

Ich bin vielleicht auch wegen solcher Typen nicht im Golfclub und finde die Gleichsetzung über das Wort »seinesgleichen« mehr als unpassend und übrigens beleidigend. Die von Ihnen beschriebenen Unternehmer Marke Trump, Maschmeyer oder

Geiss werden sie typischerweise nicht im Freundeskreis von Familienunternehmern finden, da sie persönlich für fast alles stehen, was wir verachten. Die soziale Ächtung müssen daher eher die übernehmen, die sie zu Helden machen, allen voran die Medien und manchmal auch die Politik. Diese Art Managertyp umgibt sich ohnehin lieber mit Bewunderern oder Gesinnungsgenossen, die anders als Familienunternehmer nun wirklich ihresgleichen sind. Solche Typen, Gambler, Spieler, rücksichtslose Egoisten, die hat es immer gegeben. Ich würde aber wetten, dass von den traditionellen Familienunternehmern eher sehr wenige Geld zum Steuernsparen illegal durch die Karibik schleusen, zumindest sind mir keine bekannt.

A:

Was soll ich sagen? Der Ruf des Kapitalismus hat in den vergangenen Jahren gehörig gelitten. Ich finde, zu Recht.

Baron:

Herr Augstein, ja, er hat gelitten, und er leidet insbesondere an der unproduktiven, spekulativen Finanzindustrie. Der Kapitalismus ist aber aus meiner Sicht viel weniger Teil des Problems als elementarer Teil einer Lösung zu mehr Gerechtigkeit im Sinne von Chancengleichheit und materiellem Wohlstand. Ihr Versuch, mit mehr Gleichheit mehr Gerechtigkeit zu schaffen, ist, wie bisher immer in der Geschichte, ein gefährlicher Denkfehler. Natürlich müssen die Gesellschaft, die Politik oder der Rechtsstaat allen Gamblern, Spekulanten und unanständigen Unternehmern, also der Schattenseite des Kapitalismus, deutliche Grenzen setzen und die Verteilungschancen, die er bietet, sinnvoll nutzen.

A:

Amen.

Baron:

Da können Sie sich lustig machen, wie Sie wollen. Ich bin zutiefst davon überzeugt, dass die Millionen Arbeitsplätze der Familienunternehmen sowie der zahlreichen jungen Unternehmer die Mitte weiterhin stärken, die dieses Land trägt. Und ich gebe mir Mühe, dabei zu helfen.

III

HOFFNUNG

1. GIBT ES EINE PARTEI FÜR DIE UNTEN?

Blome:

Auch wenn's weh tut, lieber Augstein: Müssen wir uns von links und rechts lösen? Also von links natürlich, würde ich sagen … Aber im Ernst. Ist rechts/links, links/rechts heute nur noch Nostalgie, so wie die aktuelle Große Koalition nur noch quälende Gegenwart ohne Zukunft ist? Mir scheint, unser altes Schema hat Löcher bekommen. Links ist nicht mehr für die unten zuständig, zumindest nicht mehr exklusiv. Und rechts steht nicht mehr für die oben oder für konservativ bewahrend, besitzstandswahrend.

Augstein:

Mir ist egal, wie Sie das nennen, links und rechts sind nur Worte.

B:

Hallo, wir haben ein ganzes Buch dazu gemacht.

A:

Ja, und das bleibt wichtig, denn es geht um das, was diese Worte bezeichnen. Es geht um den Interessenkonflikt zwischen denen, die haben, und denen, die nicht haben, denen, die oben sind, und denen, die unten sind. Ich fürchte, das wird uns noch eine Weile erhalten bleiben.

B:

Brexit und Trump haben gezeigt: Unten, da treffen sich links und rechts, das müssen Sie doch sehen. Wir erleben einen antikapitalistischen, antiliberalen, mitunter völkischen Protest, der sich der traditionellen Klientel der Linken andient, den sogenannten kleinen Leuten. Dieser Protest, gerade auch gegen die Globalisierung, spricht die Sprache der linken Erbhöfe, er beherrscht ihre Codes. Sahra Wagenknecht und Alexander Gauland sind zwei Clowns, die dieselbe Nummer aufführen, sie wollen beide eine »Bewegung«.

A:

Sie beschreiben die Oberfläche – und das auch noch falsch. Wem nützt am Ende die Politik von Brexit und Trump – und wem schadet sie? Wenn Sie sich die Ergebnisse dieses Populismus ansehen, wird klar: Rechte Politik hilft den Reichen. Was Sie da beschreiben, ist nur die traurige Tatsache, dass auch in freien Wahlen Leute nicht nach ihren wahren ökonomischen Interessen entscheiden.

B:

Die Interessen sortieren und orientieren sich nicht allein am Ökonomischen, sondern auch an ganz anderen Punkten, kulturellen und nationalen Interessen von Heimat und homogener Bevölkerung. Vermutlich ist das schon lange so, aber wir haben es nicht klar genug gesehen. Oder das Problem ist wie so viele im Land erst von der Flüchtlingswelle freigespült worden. Die Bruchlinien laufen quer durch die großen Parteien: global, plural, weltoffen gegen national abschottend, mitunter völkisch. Dieser Konflikt ist potenziell stark genug, CDU und CSU zu zerreißen, das haben wir 2015 jetzt schon ein halbes Dutzend Mal gesehen. Er ist stark genug, die Vorsitzenden der früher großen Volksparteien aus dem Amt zu fegen, wie wir gesehen haben. Und er spielt zumindest eine mitentscheidende Rolle, wenn es jeweils um die Nachfolge geht.

A:

Es gibt keine »Flüchtlingswelle«, Blome. Diese Flutmetaphern mache ich nicht mit. Sprache schafft Wirklichkeit. Es gibt Menschen, die zu uns kommen – aus ganz verschiedenen Gründen, soweit ich weiß, sind die meisten davon sehr gute Gründe. Aber was Sie sagen, ist spannend. Das ist die Geschichte von den neuen Bruchlinien – die habe ich in den letzten Monaten oft gehört. Es ist das neue Märchen, mit denen die Neoliberalen ihr eigenes Gewissen beruhigen. Und das funktioniert so: Wer sich gegen die Internationalisierung des Kapitals wendet, gegen das Europa der Lobbyisten, der ist ein böser Nationalist und steht gleich auf der anderen Seite. Sie haben eben Wagenknecht erwähnt. Sie irren sich in der Frau – die hat gar nichts gegen Europa oder gegen die Globalisierung, die glaubt nur nicht mehr, dass eine Zähmung des Kapitalismus auf internationaler Ebene möglich ist, und darum will sie sich in die Grenzen des Nationalstaats zurückziehen. Ich verstehe die Idee, halte sie aber für falsch. Es geht also um die Frage, wo kann politische, demokratische Kontrolle stattfinden? Wo ist der starke Staat zu finden?

B:

Sie sind der Märchenonkel. Zwei faktische Widerlegungen, bitte schön: Das Internationale ist längst das Eigentliche des Kapitalismus, nicht der Gegensatz von Arbeit und Produktionsmitteln wie früher. Sie müssten den Kapitalismus abschaffen, wenn Sie ihn national kontrollieren wollten. Und zweitens, von wegen demokratische Kontrolle: Sie glauben doch nicht im

Ernst, dass die Leute, die ein Problem mit Zuwanderung haben, wieder normal werden, weil plötzlich mehr Gewerkschafter in den Aufsichtsräten von verstaatlichten Konzernen sitzen? Die traditionelle Klientel der Linken treibt etwas anderes um, für das Sahra Wagenknecht manchmal sogar Worte findet, aber um Schweine-Kapitalismus geht's da nicht.

A:

Als Linker bin ich eben der Auffassung, dass das Sein das Bewusstsein bestimmt. Aber mehr Gewerkschafter werden das Problem nicht lösen, die Gewerkschaften sind selber zum Problem geworden. Es geht doch um die Frage, wollen wir die Gesellschaft, in der wir leben, gestalten – oder ergeben wir uns stillschweigend den Kräften des Marktes, denen gegenüber wir uns ebenso ohnmächtig fühlen, wie unsere fernen Vorfahren gegenüber der Übermacht der Naturgewalten. Wenn wir von den Parteien reden, habe ich tatsächlich den Eindruck, dass außer den Linken alle mehr oder weniger den Umstand akzeptieren, dass dieser moderne Kapitalismus 20 Prozent Überflussbevölkerung produziert, ein eingemauertes Unten, für deren Insassen es keine echte Verwendung mehr gibt. Die Parteien unterscheiden sich dann nur in den Rezepten für den Umgang mit diesen Leuten: Wie viel Geld sie vom Staat bekommen oder wie viel Druck. Ich finde dieses Sich-in-sein-Schicksal-Finden unbefriedigend. Ich finde, man darf niemanden zurücklassen. Das bedeutet für mich linke Politik. Identität, Kultur, Teilhabe – das gehört für mich alles zusammen. Ich sehe da keinen Widerspruch. Alle Menschen haben einen Anspruch darauf.

B:

Ja, es geht um die unten, um die unteren 20 Prozent der Gesellschaft, die allerdings keineswegs durchweg arbeitslos oder in Ihrem Sinne »überflüssig« sind. Womit hat es zu tun, dass sich dort, aber nicht nur dort, so viele vom alten Grundkonsens der Bundesrepublik verabschieden? Mit Kapitalismus, Vermögensverteilung und Hartz IV? Das glaube ich einfach nicht.

A:

Was denn sonst?

B:

Ich halte die Aufnahme der Flüchtlinge im Jahr 2015 nach wie vor für eine Großherzigkeit, auf die jeder Deutsche stolz sein kann. Aber Angela Merkel hatte zu keinem Zeitpunkt eine Erzählung für die, denen das von Anfang an zu viel war oder irgendwann zu viel wurde. Sie hat bis zuletzt nicht begreifen wollen, dass es leider um mehr geht als das Sinken der Zuwandererzahlen oder das nachweisliche Verschärfen der Asylgesetze. Dass sie die gesellschaftlichen Gefühle von Verunsicherung auch emotional hätte adressieren und bewirtschaften müssen. Natürlich können Sie mit Sozialpolitik und öffentlichen Investitionen das objektiv unberechtigte Misstrauen bekämpfen, für die Flüchtlinge werde »alles« und für die Einheimischen »nichts« getan. Aber daneben geht es um das Gefühl von Sicherheit, dass die eigenen, überschaubaren Verhältnisse nicht unterspült werden. Es geht um Kontrolle über die eigene Lebenswelt und sei es nur die Illusion davon. *It's fate control, stupid. Not the economy.* Und noch dazu für mehr als nur die unteren 20 Prozent.

A:

Ja, absolut, aber doch nur, weil beinahe alle Parteien das Feld der *economy* aufgegeben haben, also das Bemühen um soziale Gerechtigkeit und Chancengleichheit. Auch die SPD und die

Grünen, das ist ihr großes Versagen. Da die Grünen-Wähler wirtschaftlich stärker sind, hat die Partei das besser überstanden als die SPD und überholt sie jetzt sogar wie bei den Landtagswahlen in Hessen und Bayern Ende 2018. Die traditionelle Klientel der SPD hingegen hat das Gefühl, die Kontrolle über ihre soziale Lage zu verlieren. Harte Arbeit bietet keine Garantie mehr für Aufstieg oder auskömmliche Lebensverhältnisse, und die Politik erklärt sich mit Verweis auf den internationalen Kapitalismus für nicht mehr zuständig. Was erwarten Sie dann eigentlich von den Leuten? Es kann halt nicht jeder sein Geld auf die Caymans bringen und zwischen London, New York und Mailand pendeln. Auch in der Globalisierung führen normale Leute heute immer noch normale Leben – und immer mehr fühlen sich im Stich gelassen. Da wundert es mich überhaupt nicht, dass plötzlich kulturelle Konflikte in den Vordergrund rücken. Ausgerechnet Horst Seehofer hat im Herbst 2016 gesagt, die öffentliche Sorge über die Flüchtlingspolitik sei »nur ein Ventil, die Problematik liegt wesentlich tiefer«. Er sei überzeugt, »dass dahinter eine Systemkritik steckt«. Ja tatsächlich, es ist das »System«, das bei den Leuten in Misskredit geraten ist. Es gab mal eine Allensbach-Umfrage, nach der beinahe die Hälfte der Deutschen den Erfolg der AfD begrüßte, weil den etablierten Parteien damit ein Denkzettel verpasst worden wäre. Die Frage ist nur, was steht drauf, auf diesem Denkzettel? Wir erleben, wie Ohnmacht zu Wut wird, und die Wut muss halt irgendwo hin. Das Perfide an diesem Mechanismus ist: Genau diese Wut, die sich in rechtem Populismus äußert, wird dann von den Profiteuren des Systems genutzt, um jede Kritik zum Schweigen zu bringen. Erinnern sie sich an die französische Stichwahl zwischen Le Pen und Macron? Da hat sogar der europäische Oberlinke Varoufakis dazu aufgerufen, Macron zu wählen, obwohl der nun wirklich ein in der Wolle gewirkter Neoliberaler ist.

Der Ansturm der Rechten macht den Spielraum der Linken zunichte. Tragisch, aber wahr.

B:

Jetzt werden Sie mal nicht sentimental. Der deutsche Mainstream rückt in Richtung rechts, na und? Vorher ist er ziemlich lange in Richtung links gerückt, jetzt kommt er halt ein Stück des Weges zurück. Daran hat die gesellschaftliche Linke zum guten Teil selber Schuld. Sie hat viel zu lange bedingungslose Offenheit, Multikulti und Fremden-Verliebtheit gepredigt. Sigmar Gabriel hat bei seiner Antrittsrede als Parteichef gesagt: »Unsere Politik wirkt manchmal aseptisch, klinisch rein, durchgestylt, synthetisch. Und das müssen wir ändern. Wir müssen raus ins Leben; da, wo es laut ist; da, wo es brodelt; da, wo es manchmal riecht, gelegentlich auch stinkt. Wir müssen dahin, wo es anstrengend ist. Weil nur da, wo es anstrengend ist, da ist das Leben.« Das war im Jahr – 2009. Nichts davon wurde eingelöst, nichts davon ist geschehen. SPD und Linke haben seither viel über Minderheiten geredet und für sie getan: Schwule, Migranten, Behinderte. Für alle diese Gruppen haben wir die Begriffe und die Programme. Aber für die unten haben wir das nicht. Die CDU und besonders die CSU sind zwar eine Partei für alle, aber diese Gruppe, dieses Unten, hat sie in den letzten Merkel-Jahren verloren, die sind zur AfD. Aber das gilt ja auch für die SPD, sie ist keine Partei mehr für die unten. Die Linkspartei, wenn überhaupt, nur im Osten. Schade.

A:

Sie bemitleiden die Linken? Daran sieht man, wie schlecht es denen geht. Sigmar Gabriel ist wirklich der Sozialdemokrat par excellence – der wusste immer, wie alles hätte besser sein sollen, aber er selber hat dafür nie etwas getan. Er wurde nach seinem Ausscheiden aus der großen Politik journalistischer Kommentator, das macht unbedingt Sinn. Schon als Außenminister hat er ja zur Feder gegriffen und im SPIEGEL einen Essay veröffentlicht. Da stand: »Als Sozialdemokraten und Progressive haben wir uns kulturell oft wohlgefühlt in postmodernen liberalen Debatten. Umwelt- und Klimaschutz waren uns manchmal wichtiger als der Erhalt unserer Industriearbeitsplätze, Datenschutz war wichtiger als innere Sicherheit.« Das meinte die Debatte zwischen Liberalismus und Identitätspolitik. Aber woher kommt das? Die SPD-Funktionäre haben offenbar inzwischen mit den urbanen Eliten mehr zu tun als mit den Menschen, für die sie eigentlich Politik machen sollten. Und außerdem ist die Ehe für alle und das Genderklo auch billiger zu haben als eine gerechte Erbschaftsteuer.

B:

Da müssen Sie viel tiefer greifen als ins Genderklo … Entschuldigung … Es ist doch so: Die traditionelle, linke Ansprache dieser Menschen funktioniert nicht mehr, weil die Gruppe sich verändert hat. Wo sich die SPD über Arbeiter definiert, tut sie es über Facharbeiter mit Tarifvertrag, die in der Gewerkschaft oder im Öffentlichen Dienst sind. Das ist zu wenig, die unten sind heute keine homogene Gruppe mehr: Dienstleistungs-Prekariat ohne Tarif gehört dazu, Kleinstunternehmer, Freiberufler und natürlich auch Arbeiter. Populisten-Parteien wollen diesen Menschen einreden, sie seien sehr wohl noch eine homogene Gruppe, aber wegen anderer, nationaler Merkmale. Sie tun es von rechts wie von links: Le Pen in Frankreich, Podemos in Spanien, die Brexiteers in England, die Fünf Sterne in Italien oder Orbán in Ungarn und die FPÖ in Österreich. Sie alle brauchen die Behauptung, als ein Volk – als ein Genpool, wie Thilo Sarrazin vermutlich sagen würde – gebe es noch Homogenität und damit Geborgenheit. Nur als Volk habe man noch eine Heimat, die ergo gegen Globalisierung und Durchmischung verteidigt werden müsse.

A:

Ich gehe diesen Weg nicht mit, auf dem Sie unterschiedslos rechten und linken Populismus ineinanderrühren. Ich halte das für einen neoliberalen Trick. Populismus hat bei uns keinen guten Ruf. Dabei bezeichnet das Wort kein Programm, sondern eine Methode. Es gibt eben einen Unterschied zwischen dem zynischen »Wir« und »Sie« der Rechten und dem humanistischen »Wir« und »Sie« der Linken. Ich bin unbedingt für einen linken Populismus, mit dem das Ressentiment der Rechten bekämpft werden kann. »Um im Kampf gegen ein Gefühl zu obsiegen, gibt es nur einen Weg: Man muss ein stärkeres Gefühl entwickeln.« Das hat Chantal Mouffe gesagt, die Philosophin des Populismus.

B:

Ein Gefühl gegen das andere, interessant. Dann nehmen Sie also das Gefühl ernst, den Wunsch nach Homogenität und kultureller Identität? Vielleicht hätte sich auch Frau Merkel von Chantal Mouffe inspirieren lassen sollen. Es gab und gibt ja das ganz starke Gefühl von Mitgefühl und Hilfsbereitschaft für die Flüchtlinge. Ich glaube, dieses Gefühl ist in Deutschland viel stärker und weiter verbreitet als das Gefühl gegen Fremde. Aber irgendwie blieb Merkels Satz »Wir schaffen das« aus dem Sommer 2015 seltsam farblos – und wurde nie den leichten Beiklang der Abgehobenheit los, Raumschiff Berlin an Erde: »Ihr schafft das schon.«

A:

Es ist ja rührend, dass Sie zum Ende der Amtszeit der Kanzlerin plötzlich begriffen haben, dass Merkels Empathielosigkeit ein Mangel ist und keine Stärke. Aber wenn ich es kurz machen soll, würde ich sagen: Es geht darum, die AfDler von den Asylbewerberheimen zu den Banken zu führen und ihnen klarzumachen: Hier ist euer wahres Problem, lasst die Ausländer in Ruhe, denen geht es noch schlechter als euch.

B:

Ich habe auch einen Franzosen, den ich zitieren kann, warum sind es eigentlich immer Franzosen? Egal: Didier Eribon, der Soziologe, früher Kommunist. Er schreibt, dass viele Wähler der französischen Linken seit je her xenophob bis rassistisch waren, aber die linken Parteien das lange im Griff hatten. Heute wählen diese Menschen Le Pen, weil Sozialisten und Kommunisten in ihrer besseren Welt nichts mehr mit ihnen zu tun haben wollten. Der letzte sozialistische Präsident François Hollande wollte sich die Hände nicht an ihnen schmutzig machen. Oder schauen Sie sich, noch einmal, die SPD in Deutschland an. Ihre historische Mission besteht darin, die Existenz eines Unten nicht zu akzeptieren, sondern es verschwinden zu lassen, es auszutrocknen durch Bildung und Aufstieg. Was aber, wenn es immer ein Unten gibt?

A:

Haha, Eribon – das ist eine der lustigsten Verwechslungskomödien der Gegenwart. Der war in Frankreich mäßig erfolgreich, aber in Deutschland wurde er ein Star, weil die Deutschen ihn einfach missverstanden haben. Eribon wollte keineswegs ein Buch über die Lage der Arbeiterklasse schreiben – sondern über sich und seine Familie. Er hat mal einem Reporter gesagt:

»Ich weiß nicht, was Sie wollen. Ich habe ein Buch über meine Mutter geschrieben, und jetzt soll ich Brexit, Trump und die Welt erklären.« Aber gut, es gibt halt eine sympathische, aber manchmal fehlgeleitete Franzosenverehrung bei uns.

B:

Jetzt machen Sie mir nicht meine Lektüre kaputt. Aber warten Sie, ich gebe Ihnen noch ein Beispiel dafür, wie diese Gruppe erst wegdefiniert wird und dann verloren geht. Vor einiger Zeit musste der höchst erfolgreiche Chef von ProSiebenSat.1 zurücktreten, Thomas Ebeling. Er hatte gesagt: »Es gibt Menschen, ein bisschen fettleibig und ein bisschen arm, die immer noch gerne auf dem Sofa sitzen, sich zurücklehnen und gerne unterhalten werden wollen. Das ist eine Kernzielgruppe, die sich nicht ändert.« Und Rücktritt, zack, darf man nicht beim Namen nennen. Anders der Berliner SPD-Bürgermeister, der genau diesen Leuten rät: Wenn ihnen die Stadt in bestimmten Vierteln zu unsicher geworden sei, sollen sie dort nach der Arbeit besser mit dem Taxi nach Hause fahren und nicht mit der U-Bahn. Irre, weiter weg geht nicht.

A:

Blome, ich bin erstaunt, dass Sie hier meinen Text reden. Ja, die Sozialdemokratie hat in Europa versagt, als sie sich in der Blair/Schröder-Ära auf den berühmten Dritten Weg machte. Ich glaube aber, die Krise geht noch tiefer: Es ist das repräsentative, demokratische System, das versagt hat. Offenbar ist es nicht besonders gut darin, die Interessen derjenigen zu vertreten, die zu schwach – oder zu demotiviert – sind, um sich selber zu vertreten. Politik ist auch bei uns in viel zu hohem Maße Politik für die an der Gesellschaft Teilnehmenden. Wer sich aus Verzweiflung, Schwäche, Not verabschiedet hat, fällt durch das Aufmerksamkeitsraster der Parteien und der Medien. Die AfD hat von diesen Leuten eine Menge wieder reingeholt. Die partizipieren jetzt wieder – aber als Faschisten.

B:

Könnten Sie, bitte, mit der Begriffs-Inflationierung aufhören. Jetzt sind sie schon alle Faschisten, Nazis reicht wohl nicht mehr? Ich finde die AfD mindestens so eklig wie Sie, aber wahr ist auch: Erstmals seit 20 Jahren ist 2017 die Wahlbeteiligung in sozial schwachen Nichtwähler-Hochburgen wieder gestiegen, die zurückgekehrten Wähler haben überwiegend für die AfD gestimmt. So gesehen ist diese grässliche AfD die neue Partei für unten. Leider.

A:

Sie beschreiben da ein Paradoxon der Demokratie: Muss ich alle Ergebnisse von Wahlen respektieren, auch wenn sie einen undemokratischen Charakter haben? Also ich für meinen Teil denke gar nicht daran, die Demokratie unabhängig von ihrem Ergebnis zu respektieren. Wir sehen in Osteuropa, wie sich die Demokratie auf demokratischem Wege selber abschafft. Steigende Wahlbeteiligung ist noch kein Wert an sich.

B:

Sie reden wie die Führung der chinesischen KP, mein Lieber. Die sagen auch: Wir würden das mit der Demokratie machen, aber wir finden, sie produziert nicht die richtigen Ergebnisse, also lassen wir es. Anders als Sie habe ich aber die Zuversicht, dass das parlamentarische System ständig lernt. Die CDU zum Beispiel hatte im Wahlkampf nicht erkannt, dass sie das Zuwanderungsthema bei Weitem nicht emotional genug angegangen ist. Auch darum macht die Große Koalition jetzt milliardenschwere Politik für das neue Unten. Für alle, die sich nicht mehr auf der Straße sicher fühlen. Für die, die sich in ihrer Region abgehängt fühlen. Für Rentner, Alleinerziehende, Familien mit Kindern. Es müssten jetzt nur noch alle begreifen … Denn als der Koalitionsvertrag bewertet wurde, machten viele Medien die alte Links-rechts-Rechnung auf – wer hat sich wo durchgesetzt? Alles mit Sicherheit, Polizei und härterer Asyl-Handhabe wurde der Union »gutgeschrieben«. Warum eigentlich? Das Gros der SPD-Wähler findet das auch gut, denn zum Beispiel Kriminalität ist Teil der sozialen Frage. Ärmere Haushalte haben keine Alarmanlage, keine teure Versicherung und keinen guten Anwalt. Wenn bei ihnen eingebrochen wird, geht es gleich ums Ganze. Bessergestellte dagegen haben noch eine zweite Armbanduhr oder einen zweiten Tabletcomputer. Bei der SPD hat man die Koalitionseinigungen zur inneren Sicherheit tatsächlich als Niederlagen empfunden – aber eben nur gemessen an der eigenen Funktionärsprogrammatik.

A:

Für Sie ist das ein und derselbe Themenbereich: innere Sicherheit und Asyl. Für mich nicht. Was die innere Sicherheit angeht, hat doch die Kriminalstatistik für das Jahr 2017 alles Wesentliche gesagt: 2017 lag die Zahl der Straftaten um annähernd zehn Prozent unter dem Wert des Jahres davor. Das bedeutete einen Rückgang, wie es ihn in den vergangenen 25 Jahren nicht mehr gab. Die niedrigste Zahl von Straftaten seit der Wiedervereinigung. Wie kam das? Unter anderem, weil es der Polizei gelungen war, durch kluge Konzentration auf extreme Mehrfachtäter in bestimmten Deliktgruppen enorme Erfolge zu erzielen. Und das waren Delikte, die die Menschen sehr beschäftigen: Einbrüche, Taschendiebstähle, Ladendiebstähle, Autodiebstahl. Dafür brauchen wir weder

CDU noch SPD – sondern einfach genug Geld für gute Polizeiarbeit. Im Gegenteil, jemand wie der unsägliche Jens Spahn macht die Sache nur schlimmer, wenn er gegen die Realität den Leuten Angst einjagt und schwadroniert: »Schauen Sie sich doch Arbeiterviertel in Essen, Duisburg oder Berlin an. Da entsteht der Eindruck, dass der Staat gar nicht mehr willens oder in der Lage sei, Recht durchzusetzen.« Aber es hat ihm nicht genutzt. Zum Vorsitzenden wollte seine Partei ihn dennoch nicht haben. Das finde ich ganz beruhigend. Und was die Asylpolitik angeht: Ich glaube, Sie missverstehen die SPD-Wähler. Sehr viele waren entsetzt und angewidert von dem Rattenrennen der Union um die mieseste Behandlung von Ausländern. Sie wollen suggerieren, dass die Große Koalition sozusagen die kombinierte Partei des kleinen Mannes ist. Das sehe ich – naturgemäß – anders. Es sind die Parteien der Großen Koalition, die die Krise des liberalen politischen Systems zu verantworten haben.

B:

Große Koalitionen sind auf Dauer ein Problem für die politische Landschaft, ja. Die beiden Gefühlsparteien Grüne und AfD sind bislang die Gewinner. Aber es stimmt auch, dass die Große Koalition unter Angela Merkel allgemeine Stabilität und die Sicherheit der Arbeitsplätze geliefert hat, Lohn- und Rentensteigerungen für eine große Zahl von Wählern im Übrigen auch. Lange hat Merkels Lieblingssatz ja einfach gestimmt: »Die Leute wollen, dass ihr Land funktioniert.« Aber inzwischen muss man Zweifel haben: Was, wenn objektiv gute Zahlen und Leistungen, herbeigeführt von welcher Regierungspartei auch immer, bei einem wachsenden Teil der Gesellschaft gar nicht mehr verfangen, und zwar weder unten noch bei den Wutbürgern der Mitte? Wir haben ja in Frankreich gesehen, wie eine ganze Gesellschaft aus lauter irrationaler Unzufriedenheit außer Rand und Band geraten kann. Was, wenn die Politik bei diesen Menschen mit nichts mehr Zufriedenheit und Zustimmung generieren kann? Sollte sich das verfestigen, ist alle rationale Politik am Ende, selbst die erfolgreichste.

A:

Die Frage war, welche Partei dient den Interessen der Leute unten? Ich würde sagen, die Linkspartei tut ihr Bestes. Aber offenbar ist das nicht gut genug. Sie haben auf Frankreich verwiesen: Ja, da sehen Sie das Scheitern dieser kapitalistischen Demokratie wie in einem Brennglas. Die Franzosen haben eine großartige Tradition der Revolte, sie haben schon gegen frühere Formen der Ausbeutung protestiert – und im Winter 2018 gegen die moderne Ausbeutung. Die Deutschen sollten sich eine Scheibe davon abschneiden.

B:

Ich bin ja ein großer Frankreich-Freund. Aber da schneid ich mir lieber nur eine Scheibe Baguette ab. Vive le vin rouge!

2. IST DIE POLITIK DER MITTE AM ENDE?

Augstein:

Es gibt im Film *Spiel mir das Lied vom Tod* eine tolle Szene. Jemand wird erschossen, und der Killer sagt: »Wie soll ich einem Mann trauen, der sich einen Gürtel umschnallt und außerdem Hosenträger hat? Einem Mann, der noch nicht mal seiner eigenen Hose vertraut?« Diesen Satz bitte im Gedächtnis behalten. Denn darum geht es: um Hosen und die Frage, woher in einer Welt des Wahnsinns das Vertrauen kommt.

Man kann zusehen, wie das Gewebe der Nachkriegsordnung mit wachsender Geschwindigkeit aufribbelt. So ist das, wenn ein Imperium zerfällt. Das hier ist unsere Spätantike, das amerikanische Reich löst sich auf. Ängstlich blicken die Deutschen um sich und landeten auf der Suche nach einem festen Punkt in den vergangenen Jahren immer bei Angela Merkel.

Aber was tat Merkel? Sie schwieg. Die Welt war am durchdrehen – und Deutschland verfiel in dankbare Erstarrung. Die inzwischen berühmt gewordene Strategie der »asymmetrischen Demobilisierung« hat bittere Früchte getragen. Ein patriarchaler – Verzeihung: matriarchaler – Regierungsstil, der auf eine absichtsvolle Depolitisierung der Politik zielt. Die Leute sollen sich nicht interessieren, sie sollen sich nicht engagieren und am besten gar nicht zur Wahl gehen – aber die von der Gegenseite noch weniger.

Dieser Politikstil vermeidet Auseinandersetzungen, weil jede Auseinandersetzung voraussetzt, dass es überhaupt etwas gibt, über das man sich auseinandersetzen kann – also Alternativen.

▼

Blome:

Der Kollege Augstein spottet über die Hosen der Kanzlerin, na fein, aber das ist jämmerlich wohlfeil, das ist Bionade-Biotop ganz oben. Wer sich so erhebt über Angela Merkel, der erhebt sich in Wahrheit über Zigmillionen Deutsche der Mitte. So haben es die ach so Klugen und Schönen auch mit Helmut Kohl gehalten, sie nannten den Mann Birne, sie äfften seinen pfälzischen Dialekt nach. Und sie verloren vier Bundestagwahlen gegen ihn. Wie gegen Merkel.

Für mich ist klar: Die Deutschen und diese Kanzlerin sind einander die ersten zehn Jahre ihrer Amtszeit immer ähnlicher geworden. Von einem Spitzenpolitiker und einem Land kann man wahrlich Schlechteres sagen. Wenn diese Anverwandlung über drei Wiederwahlen trägt, muss sie etwas Gutes gewesen sein – außer man unterstellt, dass die Mehrheit der Deutschen blöd ist. Ist sie aber nicht.

Alle Wähler ein bisschen rechts oder links von der Mitte sahen, was war: eine Frau, die ein pragmatisches Verhältnis zur Politik hat, die nicht in die Kasse langt und sich nicht die Butter vom Brot nehmen ließ. Die große Probleme in kleine aufteilt, nicht damit der Bürger sie versteht, sondern damit sie selber sie versteht und behandeln kann, eines nach dem anderen. Genauso tun es die Menschen der Mitte in ihrem eigenen Alltag auch. Sie legen niemals alle Eier in einen Korb, sie machen keine großen Sprüche, sie versuchen, nur das zu versprechen, was sie auch

▼ halten können. Sie sind ehrlich.

Augstein ▼

Merkel und ihren Leuten ist es gelungen, diese Strategie nicht nur auf die Wähler anzuwenden, sondern gleich auf die ganze Öffentlichkeit. Auch die Journalisten sind inzwischen weitgehend demobilisiert. Hin und wieder gibt es ritualisierte Erinnerungen daran, dass die Wahl noch nicht entschieden sei. Und dann halten sich alle weiter die Ohren zu vor dem Lärm einer anbrandenden Welt.

Lange Zeit wurde diese Strategie der Depolitisierung als Politik der Mitte missverstanden. Sie war das genaue Gegenteil: eine Politik der Polarisierung. Das gehört zu den Paradoxien dieser Kanzlerschaft, dass sie unter dem Zeichen der Mitte stand, aber in eine Radikalisierung der Gesellschaft mündete. Im ungerechter werdenden Land wurde sowohl die soziale als auch die politische Mitte geschwächt. Merkel ist die Mutter der AfD.

Und jetzt noch mal zur Hose: Im Netz machte einmal eine kleine Collage der Kanzlerin die Runde: Bilder von Angela Merkel beim Wandern, weiße Dreiviertelhose, rot-weiß kariertes Hemd, weiße Mütze, 2013, 2014, 2015, 2016, 2017, jedes Jahr das gleiche Bild.

Wahrscheinlich hatten britische Boulevardjournalisten die Bildstrecke montiert, um sich über Merkels Schlichtheit lustig zu machen. Aber das wäre ein großes Missverständnis. Die bittere Wahrheit ist: Die Deutschen haben solche Angst vor Veränderung, dass sie Angela Merkel schon deshalb für eine gute Kanzlerin gehalten haben, weil sie immer die gleiche Hose trägt.

Blome ▼

Doch nach zehn sehr guten Jahren unter Merkel wurde das Band mürbe. Schuld daran, paradox, sind weniger die schier ewig währende Amtszeit, das ewig Ambitionslose ihrer Bundestagsreden oder die zunehmende Verschlossenheit der Kanzlerin in ihrer Kanzleramts-Burg. Das Band riss in diesem einen Sommer 2015: Als die Kanzlerin einmal felsenfest für etwas stand und dann urplötzlich ins Freie ging: Als sie Griechenland um buchstäblich jeden Preis im Euro hielt und hernach einer Million Flüchtlingen den Weg nach Deutschland nicht versperrte. Die Kanzlerin der Mitte verließ die Mitte – ihre Mitte. Sie tat es, damit Europa in diesem Sommer nicht an Deutschland scheiterte, sie tat es, wie Helmut Kohl es getan hätte. Im Rückblick muss man sagen: Das hätte sie im Inneren besser absichern müssen, als sie es tat. Sie hätte zu intensiverer Kommunikation, zu Empathie oder Bauchgefühl greifen müssen. Die kommen bei ihr aber nicht vor: Angela Merkel kann Gesetze, Gefühl kann sie nicht. Will sie nicht. Sie vertraute bis zuletzt ihrem Dreiklang: Die Bürger haben ein Problem; die Politik erkennt es und löst es; und die Bürger zahlen mit Vertrauen und Legitimation zurück.

Und in Wahrheit wäre es ungleich gefährlicher für das Land, wenn diese Kette – Problem/Lösung/Vertrauen – auf Dauer tatsächlich gerissen sein sollte. Dann wäre nicht allein das vernunftgesteuerte System Merkel unrettbar verloren, sondern die gute deutsche Tradition von Konsens- und Mehrheitsbildung ebenso. Dann müsste sich die Politik in Deutschland ganz neu erfinden und sie täte es womöglich weit jenseits der Mitte. Das möchte ich nicht erleben.

3. »ICH WAR GANZ UNTEN. JETZT BIN ICH OBEN.«

Gespräch mit der Pflegehelferin Annegret Busch*

Blome:

Frau Busch, Sie haben einen harten Händedruck, wenn ich das sagen darf. Woher kommt das?

Annegret Busch:

Wirklich? Naja, ich mache schwere Arbeit, ich bin Pflegehelferin. Ich hebe alte Menschen in ihren Betten. Ich mache Verbände, Waschen, Anziehen, Lagern, das ist anstrengend, da brauchen Sie Kraft in den Händen und im Rücken.

B:

Was heißt »Lagern«?

Busch:

Wenn ein Bewohner im Bett liegt, dann muss er von Zeit zu Zeit auf die eine oder die andere Seite gelagert werden, damit er sich nicht wund liegt.

Augstein:

Sie sagen Bewohner, nicht Patienten?

---

* Name geändert

Busch:

Wir sagen Bewohner, die Menschen sind ja meist über Jahre bei uns. Ich duze mich auch mit einigen, weil ich auch schon so lange da bin, 16 Jahre inzwischen. Frau J. zum Beispiel kenne ich schon seit gut zehn Jahren.

A:

Wie arbeiten Sie?

Busch:

Ich habe eine halbe Stelle als Altenpflegehelferin, 20 Stunden für 975 Brutto, das heißt, ich bekomme zwischen 750 und 800 Euro ausbezahlt und arbeite mehrere halbe Tage die Woche, auch am Wochenende. Das ist Schichtdienst, es muss ja rund um die Uhr jemand da sein. Heute habe ich mich um neun Bewohner gekümmert, manchmal sind es auch 14. Eigentlich ist das Akkordarbeit.

A:

Akkord?

Busch:

Ja, das können Sie sich nicht vorstellen, oder? Eine Zeitlang gab es sogar exakte Minutenvorgaben für jeden einzelnen Handgriff. Die wurden dann zusammengerechnet und so und so viel Zeit durfte man für einen Bewohner aufwenden. Das war unmenschlich und das gibt es nicht mehr. Aber heute gilt immer noch, dass wir beispielsweise bis um Punkt soundsoviel Uhr eine bestimmte Zahl von Bewohnern im Speisesaal haben müssen, damit die dort frühstücken können. Das ist Stress, für uns und für die Bewohner.

A:

Sie haben also auch durch diese Änderung nicht mehr Zeit für die Menschen?

Busch:

Nein, wir haben noch weniger Zeit.

A:

Was ist das für ein Heim, wo Sie arbeiten?

Busch:

Es ist ein Alten- und Pflegeheim. Wir haben viele ältere Bewohner, aber auch psychisch Kranke, Drogenabhängige und Alkoholiker. Bei mir auf der offenen Station sind es 48 Bewohner, im ganzen Haus gibt es 146 Betten. Überwiegend in Doppelzimmern, manche auch allein, aber das ist teurer. Das kann sich nicht jeder leisten, bei zwei Dritteln werden die Kosten vom Amt getragen. Bei uns sind eher einfachere Leute.

B:

Und wie ist das für die Älteren? Die kommen ja für den Rest ihres Lebens zu Ihnen, oder?

Busch:

Mal so, mal so. Einige fühlen sich wohl, andere tun sich schwer und sind oft traurig. Ist ja auch hart: Sie können sich nicht aussuchen, mit wem sie in ein Zweibettzimmer kommen. Wir sind immer voll, wenn jemand stirbt, kommt schnell ein neuer Bewohner. Von ihrer früheren Privatsphäre bleibt da nicht viel übrig. Sie können nicht selber entscheiden, wann sie aufstehen, wann sie essen, wann sie schlafen gehen. Sie wollen auf die Toilette gehen, sie wollen sich waschen – aber sie brauchen Hilfe und müssen warten. Sie müssen Leute an sich ran lassen, auch wenn die ihnen gar nicht sympathisch sind.

A:

Würden Sie im Alter in ein Heim gehen?

Busch:

Auf gar keinen Fall. Ich möchte mich lieber von einem ambulanten Pflegedienst versorgen lassen, zu Hause.

A:

Als Sie den Beruf ergriffen haben, wussten Sie da, was auf Sie zukommt?

Busch:

Ich komme aus einem nicht so schönen Elternhaus und war damals sehr jung. In dem Heim hatte ich vorher schon ein Praktikum gemacht und wollte ganz schnell Geld verdienen, um mir eine eigene Wohnung leisten zu können. Das war das Wichtigste, über den Rest denkt man nicht so nach, wenn man 18 Jahre alt ist. Ich bin jetzt 34.

A:

Ihre Tochter ist jetzt 15. Würden Sie ihr raten, Pflegerin zu werden?

Busch:

Ihre ersten sieben Jahre war ich Alleinerziehende, und sie musste oft mit auf die Arbeit, ich habe damals ja Vollzeit gearbeitet. Das fand sie blöd, man konnte sich auch nicht viel leisten, den Tierpark oder so. Das hat sie geprägt, deshalb will sie das nicht. Und sie mag die Gerüche der alten Menschen auch nicht. Das, was ich mache, würde meine Tochter also ohnehin nie machen, aber ich würde ihr auch ganz sicher abraten. Es ist ein sehr anstrengender Beruf, man kann ihn nicht ein Leben lang machen, und die Bezahlung ist nicht gut. Ich würde mich freuen, wenn meine Tochter und mein achtjährige Sohn später mal studieren.

B:

Sie sagen, Sie waren Alleinerziehende. Warum haben Sie damals nicht Hartz IV oder Sozialhilfe bezogen? Das hätte Ihnen doch zugestanden.

Busch:

Weil ich nicht der Typ dafür bin. Als die Tochter kam, habe ich natürlich Geld vom Amt bekommen. Aber ich wollte nicht zu Hause in unserer Zweieinhalb-Zimmer-Wohnung auf dem Sofa sitzen, sondern unbedingt arbeiten gehen und ein Vorbild für meine Tochter sein. Ich wollte keine asoziale junge Mutter sein, das ist nicht gut für die Kinder.

A:

Ist man asozial oder eine Schmarotzerin, wenn man als Alleinerziehende zu Hause bleibt? Es ist doch objektiv schwer, in dieser Lage Arbeit zu finden.

Busch:

Das ist manchmal wirklich schwer, da haben Sie recht. Aber ich sitze einfach nicht gern zu Hause, ich will ein Vorbild sein. Zu viele junge Mütter bleiben zu lange zu Hause, finde ich, die Miete wird ja vom Amt bezahlt. Ich kannte einige solcher Mütter, irgendwann wollte ich mit denen aber nichts mehr zu tun haben.

B:

Was hat Ihre Tochter dazu gesagt?

Busch:

Mal so, mal so. Gerade an den Wochenenden fand sie es blöd, mit zur Arbeit zu kommen, und wollte, dass ich weniger arbeite. Aber da musste sie durch, ging ja nicht anders.

B:

Warum haben Sie später nicht versucht, eine zusätzliche Ausbildung zu machen. Um mehr Geld zu verdienen oder einen leitenden Posten zu bekommen?

Busch:

Ein leitender Posten wäre mir zu viel Verantwortung für Dinge, für die ich die Verantwortung nicht tragen möchte. Die Ausbildung zur vollen Pflegerin musste ich abbrechen, weil ich alleinerziehend war. Die Gelder dafür gab es früher nicht, die wurden mir vom Amt gestrichen.

B:

Wie bitte? Sie hätten selber für die Ausbildung bezahlen müssen? Sehen Sie Augstein, und das Uni-Studium ist kostenlos, so ein Irrsinn.

A:

Sie müssen wissen, Frau Busch, darüber haben wir uns kürzlich gestritten. Ob Studiengebühren unsozial sind oder nicht.

Busch:

Ach so, ja, die Schule hätte ich selber zahlen müssen, wie das jetzt wäre, weiß ich nicht. Und wenn ich heute Überstunden mache, lasse ich mir die meistens gar nicht ausbezahlen, weil ich dann in meiner Steuerklasse 4 irgendwie viel mehr Steuern zahlen muss. Geld für Überstunden ist ein Witz, die bummele ich lieber in Freizeit ab. Aber das bedeutet natürlich, dass andere an dem Tag mehr arbeiten müssen.

B:

Haben Sie das Gefühl, in einer Sackgasse zu stecken?

Busch:

Ich bin nach der Arbeit abends echt kaputt, aber ich brauche das, ich arbeite gern mit Menschen. Ich mache das, solange ich körperlich kann. Aber klar, ich merke das schon in den Knochen, bis 60 kann ich nicht so arbeiten, ich hab schon was am Rücken und an den Bandscheiben. Ist das jetzt eine Sackgasse? Definitiv, man wird nie viel Geld für die Arbeit kriegen. Aber eigentlich mag ich meine Arbeit. Wenn meine Bewohner schön riechen und sie sauber sind, dann kann ich am Abend sagen: Die sind gut gepflegt worden heute. Und die sind dankbar.

B:

Die Politik will 15 000 neue Pflegestellen schaffen. Glauben Sie daran?

Busch:

Ganz bestimmt nicht.

B:

Warum nicht?

Busch:

Ich glaube einfach nicht dran. Es hat doch keiner mehr Interesse an der Arbeit, gerade die Jüngeren. Die 20-Jährigen haben nicht mehr die Motivation, für so wenig Geld zu arbeiten.

A:

Dann müsste man eben die Gehälter erhöhen und die Arbeitsbedingungen verbessern, finden Sie nicht? Aber dazu kommt es nicht, das ist ein Skandal.

Busch:

Die Arbeitsbedingungen sind nicht gut, das stimmt. Wir diskutieren das im Heim gerade sehr heftig. Es macht keinen Spaß, so zu arbeiten, viele Kolleginnen werden krank. Wir wollen mit dem Besitzer reden, aber das wird nicht leicht.

A:

Haben Sie einen Betriebsrat? Sind Sie in der Gewerkschaft?

Busch:

Wir hatten mal einen Betriebsrat, aber der hat sich irgendwie aufgelöst, weil die Leute, die das gemacht haben, aufgehört haben zu arbeiten. Ich bin nicht in der Gewerkschaft, aber ich überlege das jetzt. Wir haben zwei Gewerkschaftsmitglieder bei uns. Die haben wir mal gefragt, was man machen kann.

A:

Vorher sind Sie nie auf die Idee gekommen, sich zu organisieren?

Busch:

Ach wissen Sie, ich habe mit 16 angefangen zu arbeiten, in dem Heim bin ich, seit ich 18 bin. Ich will mich ja um Menschen kümmern. Aber inzwischen bin ich so weit, dass ich zur Not auch streiken würde. Einer muss ja mal den Mund aufmachen.

B:

Auch wenn ich jetzt Augsteins Text spreche: Dann müssen Sie in die Gewerkschaft. Glauben Sie, dass Menschen mit Migrationshintergrund das Arbeitskräfteproblem in der Pflege lösen könnten?

A:

Blome, jetzt aber Vorsicht!

Busch:

Wieso? Ja, klar, wir haben auch Beschäftigte mit Migrationshintergrund, die kommen und gehen. Viele werden aus Polen geholt, aber sie bleiben meistens leider nur vier bis acht Monate. Die kommen aus einem polnischen Krankenhaus und wollen in der Pflege erst mal gut Deutsch lernen, manche schaffen das in nur einem Monat, echt toll. Aber dann gehen sie in ein richtiges Krankenhaus weiter.

B:

Denken Sie, dass die Pflege auch etwas für die Flüchtlinge wäre, die in den letzten zwei Jahren zu uns gekommen sind?

Busch:

Generell, warum nicht? Die müssen natürlich Deutsch können. Wir haben aber noch keinen bei uns gehabt.

B:

Was denken Sie, wenn Sie hören, dass ein wachsender Anteil der Hartz-IV-Bezieher Ausländer sind?

Busch:

Das stört mich eigentlich nicht. Die Menschen sind doch vor Elend und Krieg zu uns geflohen. Was da in Syrien passiert ist, ist wirklich schlimm. Wenn es bei uns so zuginge wie in Syrien, würden wir doch auch fliehen und irgendwo anders Hilfe suchen. Ich finde, jeder Mensch hat das Recht, sicher zu leben.

B:

Es gibt aber auch Menschen, die fliehen vor Armut, nicht vor Krieg. Ist das ein Unterschied für Sie?

Busch:

Nein, eigentlich nicht.

B:

Aber wenn alle kommen sollen, die in Ländern leben, denen es schlechter geht als Deutschland, dann sind bald viele Länder ziemlich leer und Deutschland ziemlich voll, oder?

Busch:

Das ist Quatsch, was Sie da sagen, finde ich. Wenn sich alle an die Regeln halten und arbeiten, dann ist das in Ordnung.

A:

Haben Sie irgendwelche Erfahrungen mit muslimischen Kollegen oder Bewohnern gehabt?

Busch:

Wir hatten bisher nur einen muslimischen Bewohner, der hat halt kein Schwein gegessen, sonst war da eigentlich nichts. Vor ein paar Jahren hatten wir eine Kollegin aus Afrika, die wurde von einigen Bewohnern sehr schlecht behandelt, von deutschen Bewohnern, verstehen Sie? Das war schon erniedrigend. Wir haben die Kollegin dann nicht mehr zu diesen Leuten geschickt.

B:

Frau Busch, eine Frage noch. Wie, oder besser: Wo, sehen Sie sich in der Gesellschaft? In der Mitte?

Busch:

Ich komme von unten, von richtig unten. Ich war alleinerziehend, mein Elternhaus war wirklich nicht gut, mit teils sehr schwierigen Geschwistern. Aber jetzt sind wir oben. Mein Mann ist Medieninformatiker und verdient gut, ich arbeite. Wir sind oben.

A:

Was heißt für Sie oben?

Busch:

Ich habe einen tollen Mann, zwei tolle Kinder, wir leben in einem Haus mit Garten und haben feste Arbeit. Wir können uns mit unseren Kindern etwas leisten, und wir sind gut abgesichert für die Zukunft. Deshalb sind wir oben.

4. HABEN WIR DEN RICHTIGEN SOZIALSTAAT?

Augstein:

Ist es nicht sonderbar, dass der Begriff Sozialstaat heute beinahe einen negativen Klang hat? Das Wort bezeichnet eine der größten staatlichen Errungenschaften und bietet allen Anlass zum Stolz. Und doch tönt es heute wie irgendetwas Altmodisches aus den 70er Jahren, das wir glücklicherweise hinter uns gelassen haben – jedenfalls in der Welt, aus der Sie kommen.

Blome:

Ach herrje, wer setzt denn den Sozialstaat öffentlich unter Druck? Doch vor allem die Linke, Leute wie Sie, die seit 15 Jahren von »Kahlschlag« zetern, obwohl heute mehr Geld im Sozialstaat umverteilt wird denn je. Ja, wirklich, gemessen an den Ausgaben ist der Sozialstaat heute größer als jemals zuvor, wollen Sie das bitte zur Kenntnis nehmen, lieber Augstein. Die Liberalen wie ich haben nichts gegen sozial begründete Umverteilung, sie gehört zur, Achtung, Sozialen Marktwirtschaft. Aber ich bin es müde zuzusehen, wie Milliarden umgewälzt werden, ohne das Gewünschte zu bewirken. Man hat den Sozialstaat zu lange wuchern lassen. Jetzt steht, was er an Sinnvollem erreicht, in keinem erkennbaren Verhältnis mehr zum eingesetzten Geld.

A:

»Wuchern lassen« – sehen Sie, das meine ich. Krebs wuchert, Unkraut wuchert ... Der Sozialstaat war nach dem Zweiten Weltkrieg das Bekenntnis der westlichen Länder, dass die gesellschaftszersetzenden Kräfte des Kapitalismus durch ausgleichende, Gerechtigkeit schaffende Politik gezähmt und gebändigt werden müssen. Ohne den Sozialstaat wäre das hier keine lebenswerte Gesellschaft.

B:

Sie missverstehen mich. Es geht nicht gegen den Sozialstaat an sich, er gehört zum *European way of life*, auf den ich stolz bin. Er soll Zusammenhalt stärken, das ist der Ast, auf dem wir alle sitzen. Aber: Die addierte Steuer- und Abgabenlast für Normalverdiener erreicht in Deutschland an die 50 Prozent vom Brutto – europäischer Spitzenwert. Zugleich fließen um die 30 Prozent der Wirtschaftskraft, des BIP, als Sozialleistungen, so groß ist der Sozialstaat – auch ein europäischer Spitzenwert. Ich finde, für das viele Geld sind die Ergebnisse einfach nicht gut genug. Sie nennen Deutschland unsozial und ungerecht und schieben es auf einen Mangel an sozialstaatlicher Umverteilung. Mir fällt etwas anderes auf. Zum Beispiel ist es ein Witz, dass an alle Einkommensgruppen das identische Kindergeld gezahlt wird, gleich für oben wie unten. Natürlich sind alle Kinder gleich viel wert, aber so geht doch Sozialpolitik nicht, das ist Gießkanne statt gezielter Förderung.

A:

Was das Kindergeld angeht – d'accord.

B:

Oder denken Sie an Frau Busch, die Pflegehelferin. Als ganz junge Frau bekam sie ihre Tochter, da hat das Amt ihr anstandslos Hartz IV als alleinerziehende Mutter gezahlt. Aber als sie die Schulkosten für eine parallele Ausbildung zur vollen Pflegekraft wollte, sagte das Amt Nein. Das ist doch pervers.

Alleinerziehende, inzwischen jede fünfte Familie in Deutschland, haben ein Hartz-IV-Risiko, das fünfmal so hoch ist wie das von Paar-Familien, 50 Prozent aller Kinder mit Hartz IV leben bei Alleinerziehenden. Aber wenn eine Frau da raus will, wird sie nicht gefördert. Und wenn sie es doch schafft, wird sie als Alleinerziehende besteuert wie ein Single, also brutal hoch. Noch einmal: Das ist nicht sozial, sondern pervers.

A:

Ach, Blome, ich sehe, die vielen Stunden, die wir miteinander verbracht haben, waren doch nicht ganz umsonst. Wenn Sie so weitermachen, nehme ich Sie als Ehrenlinken irgendwo auf. In der Tat: Alleinerziehende werden bei uns zu wenig gefördert. Aber wenn Ihnen der Sozialstaat jetzt schon so teuer vorkommt – haben Sie mal überlegt, warum das so ist?

B:

Ganz einfach. Fast jede Regierung hat ohne übergeordnete Idee Leistungen nebeneinandergestellt oder erhöht. Der Sozialstaat wächst notorisch schneller als die Wirtschaft, wo soll das enden? Die Sozialausgaben sind von 2010 bis 2017 um sage und schreibe ein Viertel auf 918 Milliarden Euro pro Jahr gestiegen. Und das mitten im längsten Aufschwung der Nachkriegsgeschichte, bei rekordniedriger Arbeitslosigkeit und den fettesten Rentenerhöhungen der letzten Jahrzehnte. Was soll eigentlich passieren, wenn die Konjunktur mal wieder längere Zeit einbricht?

A:

Ich glaube, mit der Aufnahme in die Ehrenlegion der Neulinken dauert es doch noch eine Weile. Sie sind ja lustig. Erst senken die Arbeitgeber die Löhne und der Gesetzgeber schafft einen riesigen Niedriglohnsektor – und dann wundern Sie sich, dass in der gleichen Zeit die Sozialausgaben steigen? Was sollen die Leute machen? Gras fressen?

B:

Quatsch, Augstein, das bringt nur Blähungen … Ich würde gern wissen, was welche Sozialleistung bezweckt und ob sie das halbwegs effizient auch erreicht. Ist das verboten? Man könnte es meinen, denn selbst die ach so neoliberale, schwarz-gelbe Koalition hat sich in ihren gesamten vier Jahren, 2009 bis 2013, nicht getraut, die zig verschiedenen Töpfe und Programme auf Effizienz zu prüfen. Der Bericht wurde dann unter der folgenden Großen Koalition komplett verwässert, nichts stand da mehr drin.

A:

Sie popularisieren, Blome. Was ist denn das Teure an unsrem sogenannten Sozialstaat – an dem, was noch davon übrig ist? Das sind die Rentenzuschüsse, Hartz IV und der Gesundheitsfonds – und die Kosten der Flüchtlingskrise. Daran sehen Sie schon, das sind so unterschiedliche Bereiche, dass die Zusammenfassung als »Sozialstaatskosten« irgendwie unsinnig ist. Mit dem Begriff wird inzwischen Politik gemacht. Und zwar für den Klassenkampf von oben. Das ist doch die bedrückende Entwicklung der vergangenen Jahre: Die besitzenden Klassen wollen sich zunehmend aus ihrer Verantwortung stehlen und die Politik lässt ihnen das durchgehen. Das argumentative Werkzeug dafür ist die Kritik am sogenannten Sozialstaat – ganz genau so, wie Sie es hier gerade vormachen: Wucherungen, die zurückgeschnitten werden müssen. Unser System ist eigentlich so gedacht, dass die starken Schultern mehr tragen als die Schwachen. In Wahrheit ist es aber so, dass es die

Geringverdiener sind, die durch Einkommensteuer, Sozialabgaben und staatliche Transferleistungen deutlich stärker belastet werden als die Spitzenverdiener. Mit anderen Worten: Es sind die unten, die die Last des Sozialstaats tragen – und nicht die oben.

B:

Nein, tun sie natürlich nicht. Aber die unten mit Job zahlen deftige Sozialabgaben, auch wenn ihr niedriges Einkommen ansonsten weitgehend steuerfrei ist. Das trifft sie härter als andere – und umso mehr hätten sie verdient, dass man mit dem Geld sorgsam umgeht. Aber wir haben nicht einmal eine klare, simple Definition, was der Sozialstaat ist. Wir wissen nicht einmal, wie viele verschiedene »Sozialleistungen« genau ausreichen. Für Familien sollen es um die 150 sein, und es ist gerade erst aufgeräumt worden. Aber wir geben für das Ganze bald eine Billion Euro pro Jahr aus. Hallo?

A:

Sie reden aus dem kühl klimatisierten Raum eines gesellschaftspolitischen Schreibtischstrategen. Obwohl Sie doch ein heller Kopf sind, ist Ihnen offenbar gar nicht bekannt, dass Hartz IV schon jetzt restlos wegsanktioniert werden kann – das ist nur ein weiterer Skandal beim deutschen Sozialstaatsabbau. Wissen Sie, wie man den Leuten die Globalisierung, letztlich auch die Migration, systematisch madig gemacht hat: Indem man beides als Grund dafür genommen hat, den Sozialstaat in Deutschland abzubauen. Das ist nämlich die Wahrheit. Die Agenda 2010 war ein Abrissunternehmen. Aus Angst vor der Konkurrenz der Billiglohnländer wurde Deutschland selbst zum Billiglohnland. Und die unten haben die Kosten und die Lasten getragen.

B:

Wollen Sie diese Schlacht wirklich noch einmal schlagen? Das ist ja wie bei der Traumatherapie. Die Agenda 2010 war die größte Sozialstaatsreform seit dem Zweiten Weltkrieg, und wenn ich mir im Rückblick als Journalist etwas wirklich ankreide, dann dass ich damals die Tragweite und Entschlossenheit in meiner Kommentierung nicht richtig gewürdigt habe. Die Agenda 2010 hat die Lohnentwicklung gedämpft, stimmt. Aber dafür sind Millionen Industriearbeitsplätze im Land geblieben, die zum stabilsten gehören, was die Wirtschaft zu bieten hat. In anderen europäischen Ländern ist die Deindustrialisierung viel weiter vorangeschritten, und die Leute stehen nackt da, sobald die nächste Krise kommt.

A:

Sie erinnern mich an Guido Westerwelle – Gott hab ihn selig – und sein schlimmes Wort von der »spätrömischen Dekadenz«. Sie erinnern sich? Das war im Jahr 2010, da hat er in der Hartz-Debatte »sozialistische Züge« erkannt und gesagt, Wohlstand ohne Anstrengung dürfe es nicht geben. Es gibt so Schlüsselmomente der Kulturgeschichte des Sozialstaats: 2003 die berühmte Agenda-Rede des damaligen Bundeskanzlers Gerhard Schröder. 2009 der Aufsatz des Rechts-Philosophen Peter Sloterdijk, in dem er sich über den alten westdeutschen Sozialstaat verächtlich äußerte: »Da rutschte jeder jeden Buckel runter, der abwärts ins Wahrscheinlichere führt, immer entropisch munter hinunter ins Allzumenschliche, der sozialen Endformel entgegen: Urlaub, Umverteilung, Adipositas.« Dann natürlich im Jahr 2010 das Buch des SPD-Renegaten Thilo Sarrazin, *Deutschland schafft sich ab*. In jenem ersten Jahrzehnt hat eine Kälte Einzug in die gesellschaftspolitische Debatte gehalten, in der wir noch heute frieren.

B:

Jaja, und gleich sagen Sie auch noch, dass Hartz IV Armut bedeutet. Das hat die Wohlfahrtslobby wunderbar hingekriegt. Um noch mehr Transferleistung aus dem Sozialstaat zu pressen, wird das als »Armut« diffamiert, was die Leute vor dem Sturz in echte Not und Armut bewahrt. Das ist eine Sauerei. Wissen Sie, was wir für Leserbriefe bei BILD bekommen, wenn die Hartz-IV-Sätze turnusgemäß steigen? Über die Hälfte schreibt: Wieso kriegen die mehr, wenn ich nicht auch mehr Lohn kriege? Das fragen nicht die, die himmelweit oben sind, das fragen die sogenannten »kleinen Leute«. Sie fragen nach Gerechtigkeit, allerdings deutlich anders als große Teile der Linken. Eine Hartz-Familie mit zwei Kindern kommt inklusive Miete und Strom auf ein Haushaltseinkommen von rund 2500 Euro im Monat. Ich gönne das jedem, aber das muss ein Alleinverdiener in einer Familie mit zwei Kindern erst einmal netto nach Hause bringen.

A:

Ja, kein Wunder, dass Ihre Leser so reagieren. Das ist das beste Beispiel dafür, wie sehr die Armen bereits gegeneinander in Stellung gebracht sind. Leute, die geringe Löhne haben, regen sich darüber auf, wenn die noch Ärmeren mehr bekommen – anstatt sich an die oben zu wenden und mehr für sich selbst zu verlangen. Sie beschreiben da in Reinform die Perversion unseres Systems. Übrigens erklärt das auch zu einem guten Teil die Feindschaft gegenüber den Migranten.

B:

Nein, diese Leserbriefschreiber würden auch mehr Lohn verlangen, und im Arbeitsleben tun sie das vermutlich auch. Bei Hartz IV geht es diesen Menschen um das Gefühl von Leistungsgerechtigkeit oder einfach nur um einen fairen Deal mit dem Staat: Wer 40 Stunden arbeitet, will am Ende des Monats netto mehr haben als einer, der nicht arbeitet – und zwar ganz gleich, ob der biodeutsch ist oder Migrationshintergrund hat. Das ist doch menschlich, finden Sie nicht?

A:

Mann, Blome, ja, der Abstand zwischen Lohn und Existenzminimum muss groß genug sein. Aber das erreichen Sie nicht, indem Sie das Existenzminimum absenken – sondern indem Sie die Löhne erhöhen. Das Problem ist, dass der Staat durch Hartz IV und Mindestlohn eine Lohnuntergrenze schafft, an der sich die Unternehmer tatsächlich auch orientieren: Sie zahlen gerade so viel, wie sie müssen – oft genug nicht einmal das –, und die Leute wehren sich viel zu wenig. Wenn die Menschen ihre Interessen besser wahrnehmen würden – als Arbeitnehmer in der Gewerkschaft, als Wähler in einer Partei –, dann könnte man nicht so mit ihnen umgehen. Das tun sie aber nicht.

B:

Ja, tut mir auch leid, dass wir Ihnen keine rote Revolution bieten können … Lassen Sie uns auf den Anfang zurückkommen, es geht um die Frage: Haben wir den richtigen Sozialstaat, und wenn nicht, welchen hätten wir gern? Einen, der Eigenleistung ermöglicht und notfalls erzwingt? Oder einen, der das Leben ohne Arbeit halbwegs menschenwürdig finanziert, zur Not auch mit einem bedingungslosen Grundeinkommen?

A:

Das Grundeinkommen ist auf eine verdrehte Art und Weise eine neoliberale Idee. Es ist ein Taschengeld für die Verlierer der Globalisierung, während sich die Gewinner von Digitalisierung und Automatisierung die Taschen füllen. Ein Taschengeld, damit die Leute die Klappe halten. Eine Ruhigstellungsprämie. Das ist nicht sozial, das ist patriarchalisch.

B:

Ich halte das bedingungslose Grundeinkommen auch für nicht praktikabel, vor allem aus sozialpsychologischen Gründen. Aber interessant, dass Sie in dem Zusammenhang von »ruhigstellen« sprechen. Das ist der springende Punkt unseres Streits. Ich finde, ein Sozialstaat funktioniert nur dann gut, wenn er eben nicht ruhigstellt. An der Agenda 2010 war der Wegfall des sogenannten Berufsschutzes auf den ersten Blick ein unscheinbares Detail, in Wahrheit aber enorm wirkungsstark. Es bedeutete nämlich, dass Arbeitslose ab einem gewissen Zeitpunkt auch Stellenangebote unterhalb ihrer formalen Qualifikation annehmen müssen. Das bringt Bewegung in den Arbeitsmarkt und die Gesellschaft, auch wenn es manchmal nach unten gehen kann.

A:

Was Sie da sagen, klingt einleuchtend. Da will man gleich zustimmen: Warum soll die Gesellschaft das Lebensrisiko jedes einzelnen ihrer Mitglieder tragen? Das Problem ist nur, Sie reden an der Realität der deutschen Arbeitsgesellschaft vorbei. Wer in Deutschland einen bestimmten Beruf erlernt, erwirbt in einem komplizierten, standardisierten Ausbildungsverfahren eine bestimmte Kombination von Eigenschaften. Die lässt sich meist nicht so ohne Weiteres auf andere Berufe übertragen. Das ist das Kennzeichen einer hoch spezialisierten modernen Industriegesellschaft.

B:

Danke, mein Lieber, noch ein Grund mehr, sich von Müttergeld und Kinderrente abzuwenden – oder war's umgekehrt? – und zu schauen, wie der Sozialstaat die nächste industrielle Revolution begleitet und vor allem: wie er sie überlebt. Studien besagen, dass in der Automobilindustrie nur ein Siebtel der Belegschaften noch gebraucht wird, wenn die Hersteller flächendeckend von Verbrennungs- auf Elektromotor umstellen. Was machen wir mit den anderen sechs Siebteln? Das sind bestens ausgebildete Facharbeiter, stolze, erfahrene Leute mit Eigenheim und Kindern an der Uni. Denen nutzen die Kurse vom heutigen Arbeitsamt gar nichts, mit denen kann der arme Sachbearbeiter dort auch nicht umspringen wie mit dem bildungslosen Prekariat unter den heute Langzeitarbeitslosen. Und noch etwas Neues kommt auf den Sozialstaat zu, noch ein Grund, warum er nicht bleiben kann, wie er ist. Wir werden etwas brauchen, das den Zusammenhalt der Gesellschaft stärkt, wenn nicht sogar garantiert. Da geht es nicht um Hartz IV oder Wohngeld, um FlexiRente oder Weiterbildung. Da geht es um Postämter und Schulen, um Buslinien, Sportvereine und Schwimmbäder, die allesamt in strukturschwachen Gebieten nicht schließen dürfen, weil sonst auch noch die letzten Leute wegziehen.

A:

Blome, ich lasse Sie jetzt mal reden, weil Sie gerade einen guten Lauf haben!

B:

Kennen Sie den »Raumordnungsbericht« der Bundesregierung? Alle paar Jahre wird der erstellt, viele bunte Karten und ziemlich düstere Aussichten. Hochinteressant im letzten

Bericht: Für neun Millionen Menschen in Deutschland ist die Bus- oder Bahnhaltestelle nicht mehr fußläufig erreichbar, für mehr als 28 Prozent der Deutschen ist es mit dem Lebensmittel- markt genauso und für 80 Prozent der Bevölkerung auf dem Land mit dem Arzt. In ländlichen Regionen von Brandenburg oder Sachsen-Anhalt sterben doppelt so viele Menschen nach einem Herzinfarkt wie in Berlin oder Hamburg – weil der Krankenwagen länger braucht. Ein moderner Sozialstaat muss sich dieser Probleme annehmen, weil es soziale Probleme sind. Vielleicht kommen wir dann schneller als gedacht auch auf das Grundeinkommen zurück. Nicht bedingungslos, da waren wir uns ja einig, sondern für Leute, die auf dem Land den Laden zusammenhalten, ohne dass es sich rein ökonomisch rechnet. Also den Fußballtrainer des Dorfclubs. Den Fahrer des Leiterwagens der Freiwilligen Feuerwehr. Oder den Wirt der Dorfkneipe. Meine These, Augstein: Wir haben Sozialpolitik zu lange vor allem als Umverteilung von oben nach unten und als Prämierung bestimmter Verhaltensweisen betrieben. Jetzt brauchen wir einen Sozialstaat, der nicht mehr so viel und so kompliziert an Einzelpersonen vergibt, sondern einen, der anfängt, in Strukturen zu investieren, die sozialen Zusammenhalt schaffen.

A:

Blome, jetzt habe ich wieder Hoffnung für Sie.

5. WIE RECHTS UNTEN IST DIE NEUE LINKE SAMMLUNGSBEWEGUNG?

Augstein:

Neulich wurde der Preis »Deutschlands Bürger des Jahres« verliehen. Der Präsident des Bundesverbands Deutscher Zeitungsverleger, Mathias Döpfner, würdigte das Werk der Preisträger – ein Ehepaar aus Westdeutschland – als »echte Sammlungsbewegung freiheitlicher demokratischer Kräfte«. Nordrhein-Westfalens Ministerpräsident Armin Laschet sagte in seiner Laudatio, freiheitliche Gesellschaften brauchten »mehr als Konsumenten und Untertanen«, nämlich Bürger, die bereit seien, sich zu engagieren. Einer der Preisträger sagte: »Alle vier Jahre wählen zu gehen, reicht nicht mehr.«

Die Preisträger waren nicht Sahra Wagenknecht und Oskar Lafontaine, obwohl die auch der Ansicht sind, dass Bürger mehr sein sollten als Konsumenten und Untertanen und ebenfalls gerade an einer neuen Sammlungsbewegung arbeiten. Aber Lafontaine und Wagenknecht reden von »Abrüstung« und »Entspannung«, von einer »Umverteilung von Arbeit«, von einem »erneuerten starken Sozialstaat, der Armut verhindert«, von »gerechten Steuern« und von einem Stopp von Privatisierungen. Dafür bekommt man in Deutschland keinen Preis. Man wird schief angeguckt.

Natürlich stellt sich die Frage, ob Sahra Wagenknecht und Oskar Lafontaine die Richtigen sind, eine linke Sammlungsbewegung anzuführen. Können die Spalter von einst heute eine Kraft der Einigung sein? ▼

Blome:

Linken Populismus erkennt man: Mindestlohn verdoppeln, Banken enteignen, Wohnungsmarkt verstaatlichen, keine Militäreinsätze. Überwiegend irre ist das.

Rechten Populismus erkennt man auch: Grenzen zu, Islam verbieten, Jobs und Wohnungen nur für Biodeutsche, Frauen an den Herd, Deutschland über alles. Überwiegend ekelhaft ist das.

Zugleich gibt es Schnittmengen: Protektionismus, Amerika-Abneigung, Russland-Liebe, Renten und Hartz IV rauf.

Diese Schnittmengen haben es Sahra Wagenknecht angetan. Beide Populismen zu mischen, das ist im Grunde genommen das Anliegen ihrer »Sammlungsbewegung #aufstehen«. Sie will das Beste aus beiden Welten, logisch, aber die eine Welt ist halt irre und die andere ekelhaft. Wer wie Jakob Augstein sagt: Macht nichts, sehen wir später, wo es hingeht, der macht es sich leicht. Aber Versuch macht nicht immer klug. Mit 80 km/h durch eine Spielstraße zu ballern, bedeutet nicht interessanten Erkenntnisgewinn für einen Einzelnen, sondern Lebensgefahr für andere.

Links oder rechts allein taugen nicht mehr für eine überzeugende politische Erzählung, das sehen die AfD und Sahra Wagenknecht gleichermaßen so. Da ist etwas dran. Aber es kommt darauf an, was man daraus macht.

▼ Wer nationale und soziale Fragen verquickt, der könnte

Augstein ▼

Und natürlich werden sich die Linken über die Schicksalsfrage unserer Zeit einigen müssen, über die Migration. Ist die linke Forderung nach offenen Grenzen wahrer Humanismus, oder führt die Migration im Neoliberalismus zu Lohndrückerei und Auszehrung der Herkunftsländer? Das muss man alles klären – wenn die Bewegung einmal unterwegs ist. Für diese Reise gibt es keine Landkarte.

Aber wie kann man auf die Idee kommen, das Anliegen der Sammlungsbewegung in die Nähe der Nationalsozialisten zu bringen, wie die BILD-Zeitung es getan hat? Weil die Nazis ja auch keine Partei sein wollten, sondern eine Bewegung. Das hat Michael Wolffsohn geschrieben, BILD-Historiker fürs Grobe. Man erinnert sich: Es ist seit jeher eine beliebte Denkfigur der Rechten, Nationalsozialisten zu Sozialisten zu erklären.

Ist man radikal, wenn man gerechte Löhne fordert, bezahlbare Mieten und eine Kindheit ohne Armut? Nein. Man ist Realist. Es ist der Realismus selbst, der zur radikalen Haltung geworden ist. Natürlich kann Deutschland auch als immer ungleicheres und ungerechteres Land funktionieren. Die USA und Großbritannien zeigen, wie das geht. Eine (wenigstens nach innen) friedliche und liberale Gesellschaft lässt sich auf diese Weise nicht aufrechterhalten.

Die Frage ist, was die Deutschen wollen.

um des – freilich ziemlich heiklen – Wortspiels willen ein »National-Sozialist« sein. Aber er ist natürlich kein Nationalsozialist, kein Nazi, wie Adolf Hitler ihn schuf. Das behauptet im Übrigen niemand, auch nicht die BILD.

Sahra Wagenknechts Bewegung, das muss man ihr zugestehen, will das alte, ehrbare Narrativ der Linken den immer extremeren Rechten nicht kampflos überlassen. Die Linke war Schutzmacht der kleinen Leute, Anwalt der unendlich vielen Schwachen gegen die viel kleinere Zahl der Mächtigen. Sie hat die Solidarität der Mehrheit untereinander organisiert und daraus demokratische Macht geformt. Aber das war einmal. Seit Langem ist es der Linken stattdessen wichtiger, die Fürsorge des Staates für Minderheiten zu organisieren, für soziale, ethnische, religiöse Minderheiten, was auch immer, Hauptsache Minderheit. Das findet die Mehrheit nicht ewig angemessen oder komisch.

Sich um diese Mehrheit wieder kümmern zu wollen, ist in Wahrheit seit Jahren das Gebot der Stunde. Es mit Hilfe von vermeintlich linkem oder rechtem Populismus zu tun, ist es nicht. Vollends durchschaubar wird die Chose beim Versuch, linken (gleich: guten) Populismus gegen rechten (gleich: schlechten) Populismus zu stellen. Das ist entweder ein alter Irrtum oder ein alter Betrug: Internationale Kapitalisten und deutsche Reiche zu verteufeln, ist nicht besser, als Zuwanderer zum Sündenbock für alles zu machen. Es gibt keinen guten oder schlechten Populismus. Denn es gibt nur ein Gegenteil von Vernunft.

IV

WUT

1. IST DER GANZE OSTEN UNTEN?

Blome:

Es tut mir leid, aber zwei Gruppen von Menschen machen mich aggressiv. Ein bestimmter Typus Radfahrer und ein bestimmter Typus Ostdeutscher. Lassen wir mal die Radfahrer Radfahrer sein, ich sage: Undank, dein Name sei Ossi.

Augstein:

Was ist denn mit Ihnen los? Haben Sie schlecht geschlafen? Hat ein Ossi Ihnen die Vorfahrt genommen?

B:

Ich verstehe den Osten nicht. Diese Larmoyanz, diese Roheit bei so vielen, natürlich nicht bei allen. Frust, Wehmut und Phantomschmerz und das ganze Psychologisieren einer Region, die in den letzten 25 Jahren eine beispiellose Aufstiegsgeschichte hingelegt hat oder besser: hingelegt bekam. Ich frage Sie: Was kann einer, der in Bitterfeld oder Chemnitz lebt, aus der Zeit der DDR vermissen, außer vielleicht seine Jugendlichkeit? Stattdessen regieren der Frust und Sätze wie: »So wie im Westen wollen wir nicht werden. So wie im Westen wollen wir das mit den Ausländern hier nicht haben.« Und ein Funke genügt, schnell rotten sich die Neonazis oder Ausländerhasser zusammen, und eine Menge Bürger laufen hinterher.

A:

Ah, verstehe, da ist sie ja mal wieder, die alte Westleier über die undankbaren Ossis. Damals, als ich für die Süddeutsche Zeitung Geschichten über die sogenannten Neuen Länder geschrieben habe, hat man das oft gehört. Das ist eine Weile her. Ich hatte nicht damit gerechnet, dass mir dieser Sound so viele Jahre später noch einmal unterkommen würde. Aber bitte: Sie reden von der beispiellosen Aufstiegsgeschichte. Was glauben Sie, wie viele Menschen im Osten weniger als 2000 Euro brutto im Monat verdienen? Schätzen Sie mal …

B:

Diese Zahl kenne ich auch, 37 Prozent, das ist bestimmt mehr als im West-Schnitt. Aber auch mehr als in schwachen Gebieten von Bayern oder in der Eifel? Außerdem sind 2000 Euro brutto in München fürchterlich wenig, aber in Jena vermutlich etwas ganz anderes. Soll jetzt jede strukturschwächere Region in Deutschland auf die Couch und beim Gehalt Psycho-Rabatt kriegen?

A:

Ich helfe Ihnen gerne mit den richtigen Zahlen: 37 Prozent sind es in Mecklenburg-Vorpommern, in Sachsen 34 und im Osten im Schnitt 30. Rund ein Drittel, Blome. Diese Leute haben sich bestimmt gefreut, als sie vor 25 Jahren die Reisefreiheit bekamen – nur können sie sich jetzt leider keine Reise leisten. Denn egal ob Sie in München wohnen oder in Rostock – das Flugticket kostet immer gleich viel und das Hotel auf Mallorca auch. Sie sollten zur Kenntnis nehmen, dass sehr viele Menschen im Osten von der Wende nicht in dem Maße profitiert haben, wie Sie unterstellen.

B:

Freiheit, auch Reisefreiheit, wird doch nicht erst dann real, wenn man sie nutzt, wie kommen Sie denn darauf? Freiheit prägt das Leben und das Denken bereits als Möglichkeit. Und Freiheit bedeutet ja wohl auch, das Maul aufreißen zu können, ohne dass nachts drauf die Stasi kommt und Sie abholt. Was wäre in der DDR wohl mit den ganzen Typen stillschweigend gemacht worden, die da inzwischen regelmäßig aufmarschieren, wenn ein Ausländer eine schwere Straftat begeht.

A:

Naja, Sie wissen vielleicht, dass es bereits in der DDR ein massives Problem mit dem Rechtsextremismus gab – es wurde verschwiegen. Aber ich wundere mich, wie leichthändig Sie mit diesem Wort Freiheit umgehen. Es ist ja schön und philosophisch, dass Freiheit die Potenzialität selbstbestimmten Handelns umfasst – für die meisten Menschen zählt aber die Aktualität der eigenen Möglichkeiten. Und da macht es leider nicht so einen furchtbar großen Unterschied, ob Ihnen zum Reisen der Pass fehlt oder das Geld. Sie kommen halt nicht weg. Ich sage das wirklich mit aller Vorsicht, aber ich glaube, Leute wie Sie und ich müssen uns selber immer wieder daran erinnern, dass das reale Leben der meisten Menschen im Land sich erheblich von unseren eigenen Erfahrungen unterscheidet.

B:

Ich bin ja nicht blind: Natürlich haben nicht alle in den neuen Bundesländern von der Wende wirtschaftlich profitiert, im Westen übrigens auch nicht. Viele haben den Osten verlassen oder verlassen müssen, um ihre Chance zu nutzen. Wenn wir die zu den Gewinnern zählen, dann sind im Osten – logisch – überproportional viele Nichtgewinner zurückgeblieben. Oder ich sag es weniger böse: Wer alt ist in einem Dorf in Ostdeutschland, ist oft auch allein. Das macht keine gute Laune und erklärt so manches.

A:

Neulich habe ich gelesen, der Osten habe sich stabilisiert, die Abwanderung sei gestoppt. Ja, kein Wunder. Seit der Wende haben rund 2 Millionen Menschen den Osten verlassen, da ist jetzt einfach niemand mehr übrig geblieben, der laufen kann. Und gut gebildete Frauen suchen immer noch das Weite. Wer bleibt zurück: unzufriedene Männer. Jetzt kann man von oben auf die herabblicken, wie Sie es tun. Oder man kann sich um sie kümmern. Denn diese Leute reißen ja tatsächlich, wie Sie sagen, das Maul auf – indem sie AfD wählen.

B:

Mir kommen die Tränen. Thomas de Maizière, der ehemalige Innenminister, hat mir einmal von Bürgerbegegnungen in seinem Wahlkreis in Sachsen erzählt, wo es wegen der Flüchtlinge häufig geheißen hätte: »Integriert doch erst einmal uns!« Geht's noch? Nach mehr als einem Vierteljahrhundert Solidaritätszuschlag, Aufbau Ost, EU-Strukturfonds, Sozialtransfers von buchstäblich Billionen Euro und ich weiß nicht was noch? In NRW müssen sich jedes Jahr Kommunen verschulden, damit sie ihren Teil vom Soli für den Osten zahlen können, wussten Sie das? Und vermutlich ist vieles selbst mit noch so viel Geld nicht zu heilen, de Maizière hat später gesagt: »Viele Ostdeutsche sind offenbar sehr stark abhängig von Anerkennungsgesten, von Zuwendungen, von: ›Hat die Kanzlerin uns genauso lieb wie andere?‹« Noch einmal: Das ist Psycho.

A:

»Psycho«? Sie meinen, solange die Leute Hartz IV bekommen, sollen sie die Klappe halten? Jetzt tun Sie mal nicht härter, als Sie sind. Mir fallen da andere Worte ein: Würde, Respekt, Wertschätzung. In unserer Gesellschaft drückt die Höhe des Gehalts die Wertschätzung aus, die jemand genießt. Wenn ein Drittel der Ostdeutschen unter 2000 Euro verdient, halten wir offenbar von einem Drittel der Ostdeutschen nicht sehr viel.

B:

Die Arbeitslosenquote im Osten liegt nur zwei Prozentpunkte über der im Westen. Wirklich weite Teile Ostdeutschlands sind gar keine Hartz-IV-Hochburgen wie Berlin oder Bremen. Und warum wählen Menschen mit 2000 Euro im Monat im Osten häufiger AfD als Menschen mit 2000 Euro im Monat im Westen?

A:

Offenbar unterschätzen Sie die seelischen Verwüstungen, die mit der Wende einhergingen. Das hat man im Westen von Anfang an getan. Kein Wunder. Wir haben unseren Brüdern und Schwestern ja die D-Mark und die Banane gebracht, also das Glück. Gleichzeitig wurde damals aber das Leben einer ganzen Generation entwertet, und die Kinder mussten das mit ansehen. Mussten erleben, wie ihre Eltern, die gestern Arbeit und Ansehen besaßen, am nächsten Tag ohne Aufgabe dastanden, ohne Ehre. Das hat sich tief in diese Gesellschaft gefressen. Glauben Sie mir. Als ich in den 90er Jahren im Osten unterwegs war, habe ich kein freudiges, hoffnungsvolles Land erlebt, sondern ein verbittertes. Das hat mich damals zuerst auch gewundert. Aber ich habe es dann bald verstanden. Ich sehe, dass Sie es immer noch nicht verstehen.

B:

Es geht nicht ums Verstehen, mein Lieber, sondern ums Akzeptieren. Ich war 1991 bis 1993 eine Art Treuhand-Korrespondent für den Wirtschaftsteil des Berliner Tagesspiegel. Die Treuhand hatte VEB und Kombinate mit mehr als vier Millionen Beschäftigten übernommen, Ende 1994 waren davon noch 1,5 Millionen Stellen übrig. Und klar, Fälle wie die Schließung der Kaliwerke in Bischofferode waren derart tragisch-dramatisch, das könnte Spuren bis heute hinterlassen haben. Oder die 6000 Leute bei Pentacon, die am Tag vor der Wiedervereinigung, am 2. Oktober 1990, erfuhren, dass die Treuhand ihren Betrieb vollständig liquidiert. Wenn diese Menschen mit dem 3. Oktober bis heute etwas anderes verbinden als wir beide, verstehe ich das. Ich verstehe auch, dass viele Ostdeutsche besonders veränderungsskeptisch sind, weil sie eine wirklich totale Veränderung ihres Lebens mit dem Ende der DDR schon erlebt haben. Aber ich muss es nicht akzeptieren, wenn Menschen darüber partout nicht hinwegkommen wollen.

A:

Ich kenne verblüffend viele Leute, die waren damals zwischen 15 und 20, da würde ich als Laienpsychologe sagen, die haben von der Wende einen Schuss weg. Verstehen Sie, was ich meine? Da haben sich Väter umgebracht, Ehen wurden geschieden, Mütter sind abgehauen, Eltern sind dem Suff verfallen. Ich meine das ganz ernst: Die sozialpsychologischen Umwälzungen, die dieses Ereignis mit sich gebracht hat, sind doch vollkommen unterschätzt worden. Der Westen blickt genauso auf den Osten, wie Sie es tun: Freut euch gefälligst und seid dankbar!

B:

Könnte es sein, dass solche Tragödien auch etwas mit Blick zurück in die eigene DDR-Vergangenheit zu tun hatten? Millionen Ostdeutsche haben für einen Staat gearbeitet, der sich – allerspätestens – nach der Wende als verbrecherisch herausstellte. Sie haben in Firmen gearbeitet, deren Produkte niemand mehr kaufen wollte, als es Konkurrenz gab. Brutal, aber wahr: Die allermeisten Betriebe, auch Pentacon, wurden zu Recht geschlossen. In einer Marktwirtschaft mit D-Mark-Anschluss waren sie verloren. Oder genauer: Es lohnte nicht zu investieren, weil jede Mark, die bei Pentacon noch investiert worden wäre, für etwas anderes, Sinnvolleres gefehlt hätte. Aus Rücksicht auf die Lebensleistung der Beschäftigten ist das vielleicht nicht hart genug kommuniziert worden, aber die DDR war unten, sie war Ende der 80er fix und fertig, nicht nur ökonomisch. Dem bösen Westen können Sie das nicht in die Schuhe schieben. Aber es ist verstörend, dass sich viele im Osten immer noch unten fühlen und sich allein von der Möglichkeit von Zuwanderung bis in die Grundfesten erschüttern lassen. Als würden sie den Fluch der DDR nicht los, als würden etliche von ihnen von diesem Fluch in einen Wutausbruch nach dem anderen getrieben.

A:

Sie reden über die Wirtschaft. Ich rede über Menschen. Sie können sich einfach nicht vorstellen, was es bedeutet, aus dem spießigen, aber stabilen Mief der DDR über Nacht in die kalte Weite des Westens geworfen zu werden. Wir hatten 40 Jahre Zeit, zu lernen, wie man als Westler zu leben hat. Von den DDR-Bürgern haben wir erwartet, das über Nacht nachzuholen. Ich kann nicht mehr tun, als Sie darauf aufmerksam zu machen, dass es so etwas wie eine kollektive Psyche gibt und dass sie im Osten beschädigt ist. Damit mache ich mich nicht zum

Nazi-Versteher der stiernackigen Kameraden, die durch Chemnitz und andere ostdeutsche Städte marschieren.

B:

Das ist rührend, dass Sie »nicht mehr tun können, als mich aufmerksam zu machen«, wirklich rührend. Teil der kollektiven Psyche des Ostens ist gewiss auch manche Verletzung, aber vor allem doch die Projektion von Schuld. Schuld für das Scheitern der DDR, für das eigene nach der Wende, für das der Kinder womöglich auch noch. Vielleicht erscheint der Osten deshalb so viel roher, wegen dieser ewigen Suche nach den Schuldigen – die dann manches Mal zur Ausländerjagd wird, sprachlich nur oder ganz real auf der Straße. Soziologen sprechen von einem ostdeutschen »Prozess zur Ermutigung zur Schamlosigkeit«. Die Autorin Ines Geipel hat den Osten eine »Petrischale der Gewalt« genannt, in der düstere Sachen heranwüchsen. Das klingt hart, aber Fakt ist: Im Osten haben Neonazis de facto ganze Dörfer übernommen, im Westen, soweit ich weiß, nicht. In Dresden kamen in den Hoch-Zeiten 20 000 Protestler zu Pegida, im Westen nicht. Fast im ganzen Osten, vor allem im Südosten, hat die Große Koalition aus CDU/CSU und SPD bei der Bundestagswahl 2017 keine 50 Prozent mehr gehabt, im Westen schon.

A:

Ja, wie gesagt: Ein Grund ist die Enttäuschung und Verbitterung. Wo Sie Roheit und mangelnde Dankbarkeit sehen, sehe ich Verletzung. Viele Ossis verhalten sich, was ihr gekränktes Selbstwertgefühl angeht, in Wahrheit wie Migranten. Und natürlich gibt es noch einen anderen Grund, der auf der Hand liegt: eine andere politische Kultur. Es hat lange gedauert, bis die Deutschen im Westen die freie Presse nicht mehr als

Nestbeschmutzer angesehen haben. Der Westen hat 40 Jahre Vorsprung, was die Demokratieerfahrung angeht. Manchmal habe ich den Eindruck, die Reise geht auch bei uns gerade rückwärts. Ich habe die Vergleiche der DDR mit dem Dritten Reich immer abgelehnt, weil das eine Verharmlosung der Nazi-Ära darstellt und weil darin immer eine antikommunistische Selbstgerechtigkeit steckt, die mir zuwider ist. In der DDR wurde für mich auch nicht der Sozialismus diskreditiert, denn was dort praktiziert wurde, war eine milde Diktatur – kein Sozialismus.

B:

Sozialismus und Diktatur machen die Menschen kaputt, die DDR war beides. Das versuche ich Ihnen seit Jahren nahezubringen, lieber Augstein, langsam scheinen Sie zu begreifen. Vielleicht stammt aus diesen 40 DDR-Jahren die »Duldungsstarre«, wie Jens Bisky es in der Süddeutschen genannt hat. Aus der DDR entlassen, wo sie ja nichts entscheiden durften, hätten die Ostdeutschen nach der Wende auch im neuen System zu lange stumm alle Veränderungen erduldet – und dann hätten die Flüchtlinge und Pegida den Frust verspätet zur Explosion gebracht. Leider gibt es inzwischen eine Partei, die sich diese böse Energie zunutze macht. Die AfD im Osten ist völkisch, sie verbindet die heimelige Ansprache der kleinen Leute mit der hämischen Ausgrenzung der Fremden. Das bringt das Nationale dorthin, wo der Sozialismus schon war. Heil dem Osten, da ist die AfD mehrheitsfähig.

A:

Ja. Darum ist unsere Rolle als Westler ja auch so ambivalent. Einerseits haben wir Anspruch darauf, den Osten zu drängen, mit seinen Problemen fertig zu werden. Andererseits können wir die Probleme nicht für den Osten lösen. Das müssen die

Leute in Sachsen und Brandenburg schon selber tun. Ich glaube nur, dass Hochmut fehl am Platz ist. Dennoch müssen wir vorerst festhalten, dass weite Teile des Ostens das strukturelle Unten der Bundesrepublik darstellen – und darum geht es ja in unsrem Gespräch. Wie wollen Sie damit umgehen?

B:

Wenn selbst Sie den Osten zum Patienten der klugen Doktores aus dem Westen erklären, dann wird er allein damit als Unten definiert: Wir beugen uns über den Osten, und der liegt unter unseren Augen … Und nun fragen Sie mich – übertragen also den Westen –, wie er mit dem Problem umzugehen gedenkt. Als Erstes möchte ich aber die Frust-Ossis, von denen wir hier reden, etwas fragen: Wollt Ihr überhaupt da unten rauskommen? Oder sind die Wut und der Frust in Wahrheit die ostdeutsche *comfort zone*, lieber Augstein? Es ist doch frappierend, dass 60 Prozent der Ostdeutschen jüngst in einer Umfrage sagten, dass sich in bald 30 Jahren seit dem Mauerfall das Verhältnis zwischen Ost- und Westdeutschen nicht verbessert hat. Die Westdeutschen dagegen sagen zu 60 Prozent, Ost und West sind sich nähergekommen. Wie gesagt, bei der Suche nach dem Sündenbock, bei der sogenannten »Externalisierung des eigenen Scheiterns«, scheint mir der Osten Spitze. In Umfragen sagen mehr als ein Viertel der 18- bis 29-Jährigen in Ostdeutschland, dass für sie die Nachteile der Wiedervereinigung überwiegen, der Anteil ist höher als bei den 60–69-Jährigen. Das ist doch irre. Man will Ausländer weg haben, obwohl keine da sind. Man vermisst die DDR, weil sie bei Wohlverhalten eine risikolose Gesellschaft war. Kann es sein, dass der Osten vor allem deshalb Unten ist, weil er sich darin gefällt, der Underdog zu sein? Der von den Genossen, der Wende und den Wessis nacheinander gleichermaßen Gebeutelte?

A:

Ach, Blome, Sie reden wirklich über die Ossis wie viele bei uns über die Migranten: Reißt euch am Riemen, integriert euch, leistet erst mal was, meckert nicht rum! Aber so funktionieren Menschen nicht. Sie erreichen damit genau das Gegenteil: Je mehr man Ossis oder Migranten so behandelt, wie man sich Ossis und Migranten vorstellt, desto mehr werden die sich auch so verhalten. Wenn Sie in einem Nigerianer immer den Drogenhändler sehen, ist die Wahrscheinlichkeit hoch, dass er irgendwann mit dem Dealen anfängt. Sie erzeugen sich ihre Ossis selbst, so wie viele Leute sich ihre Migranten selbst erzeugen. Menschen machen sich das Verhalten zu eigen, das man ihnen vorwirft, das man von ihnen erwartet. Das ist eine ernste Angelegenheit, denn Sie nehmen den Leuten dadurch den Freiraum, sich zu verändern und zu entwickeln. Sozialpsychologie ist nicht die stärkste Disziplin Ihrer neoliberalen Denkschule, oder?

2. »JEDER SUCHT SICH EINEN, DEM ES DRECKIGER GEHT.«

Gespräch mit dem Vorstand
der Dresdner Tafel
Andreas Schönherr

Augstein:

Herr Schönherr, man hört schlimme Sachen aus Sachsen und aus Dresden.

Andreas Schönherr:

Über Dresden kann ich nichts Schlechtes sagen. Ich selber komme aus einem Ort eine halbe Stunde nördlich. Nach meiner Erkenntnis ist Dresden schon immer eine Stadt, die Menschen aus anderen Regionen und dem Umland anzieht, die hier leben wollen. Man hört es gleich an der Sprache, man merkt, ob einer aus Zittau kommt, aus Bautzen, aus Magdeburg oder Chemnitz.

Blome:

Die können Sie alle auseinanderhalten? Für mich wäre das alles nur Sächsisch.

A:

Blome, müssen Sie wirklich nach 30 Sekunden zeigen, dass Sie mit dem Osten nichts anfangen können?

Schönherr:

Ja, Herr Blome, aber in Dresden gibt es eben auch viele Zugezogene, die wie ich nicht in Sachsen aufgewachsen sind und kaum oder gar nicht Sächsisch sprechen. Ich fühle mich hier sehr wohl. Weil hier zwischenmenschlich alles sehr direkt und sehr locker vom Hocker ist. Man findet unglaublich schnell Freunde. Es gibt nicht diese Distanz, die ich aus den alten Bundesländern kenne. Da habe ich mich nie wohlgefühlt. Ich habe auch etliche Freunde aus den alten Bundesländern, mit denen ich darüber gesprochen habe und die aus Dresden nicht mehr weg wollen.

B:

Im Osten leben die besseren Menschen als im Westen? Ist es das, was Sie sagen wollen, Herr Schönherr?

Schönherr:

Sie wollen das künstlich überspitzen, ich nicht. Ich vergleiche nur, was ich persönlich auch vergleichen kann. In Dresden lebt eine womöglich auch besondere Mischung von Menschen zusammen, und die Menschen, mit denen ich mich umgebe, gehen sehr ungezwungen und herzlich miteinander um.

B:

Pegida hat Ihr wunderbares Dresden zur Hauptstadt einer neuen rechten Bewegung gemacht. Auf dem anderen Elbeufer haben sie zu den Adventssonntagen erst Kirchenlieder gesungen und dann Ausländerhass gebrüllt.

Schönherr:

Natürlich finde ich das abstoßend. Pegida ist leider so etwas wie die dunkle Seite dieses Zusammenhalts, den ich eben beschrieben habe.

A:

Was meinen Sie damit?

Schönherr:

Es gab in den vergangenen Jahren zwei schwere Hochwasser in Dresden, und in dieser Zeit sind sehr dauerhafte Netzwerke entstanden. Fans von Dynamo Dresden und unserer Eishockeymannschaft spielen dabei auch eine wichtige Rolle. Damals hat Lutz Bachmann …

A:

… der Pegida-Anführer …

Schönherr:

… ja, er hat hier beim letzten Hochwasser über Facebook Hilfe organisiert, Spenden eingesammelt, viele Freiwillige gefunden. Er war für viele Menschen eine echte Führungsfigur. Er hat urplötzlich einen unglaublichen Zuspruch und Auftrieb erfahren, man kann fast von Huldigung sprechen. Ich glaube, er ist darüber ein bisschen größenwahnsinnig geworden.

B:

Größenwahnsinnig? Der Mann ist vorbestraft und ein fremdenfeindlicher Hetzer. Augstein, wenn wir einen gemeinsamen Gegner haben, dann sind es Typen wie Bachmann.

Schönherr:

Natürlich hat Lutz Bachmann irgendwann alle Grenzen überschritten, das ist nicht hinnehmbar. Aber es gibt eine Geschichte davor, aus der man verstehen kann, wie es dazu kommen konnte. Die kann man nicht so einfach ausblenden. Auch wenn es bitter ist.

A:

Haben Sie viel mit AfD-Leuten zu tun?

Schönherr:

Ich vermute, dass einige Tafel-Mitarbeiter trotz der vielen Gespräche, die ich mit ihnen führe, sich am Ende gesagt haben, das probieren wir jetzt mal. Ich nehme tagtäglich beiläufig eine regelrechte Anti-Haltung gegen »die da oben« wahr, gegen »das Establishment«, bei unseren Mitarbeitern ebenso wie bei unserer einheimischen Kundschaft.

A:

Wer sind Ihre deutschen Kunden?

Schönherr:

Arbeitslose, Rentner, Aufstocker, also auch Minijobber und Einzelselbstständige. Die normale Klientel einer Tafel, würde ich sagen. Und sehr viele Studenten. Das überrascht Sie, nicht wahr? Aber es gibt einfach viele Studenten, die aus irgendeinem Grund aus dem Bafög rausgefallen sind und keinen Anspruch auf irgendein anderes Geld haben. Das ist eine Gruppe, die in Deutschland durch jedes soziale Netz fällt.

A:

Wie lange beobachten Sie den Frust der Leute auf »die da oben« schon?

Schönherr:

Seit Mai 2015 bin ich hier im Vorstand. Vorher war ich viele Jahre in einem Unternehmen beschäftigt, dass Prozessoren herstellt, die in Computern verbaut sind. Aber ich habe eine Menge verschiedener Jobs gehabt, bei Zeitarbeitsfirmen, auf dem Bau, in der Gastronomie. Ich bin eigentlich gelernter Kommunikationselektroniker. Später habe ich mein Abitur nachgeholt, weil ich Bildung und Erziehung in der Kindheit von null bis zehn Jahren studieren wollte. Bei der Tafel bin ich am Ende über mein Engagement bei Attac gelandet. Wir haben hier große Aktionen organisiert, auch gegen die Nazi-Aufmärsche, und wo immer es gebraucht wurde, habe ich die Essensversorgung der Teilnehmer mitorganisiert und die Tafel hat unterstützt. Ich habe mich neben Attac in verschiedenen Zusammenhängen und Bündnissen bewegt, da haben wir über viele Jahre berechtigte Kritik an der Politik in die Öffentlichkeit getragen und für Veränderungen gekämpft. Es gibt im TV und Radio gute Sendungsformate, die nach und nach auch alle Themen aufgegriffen haben, und es hat viele Menschen erreicht. Aber die für die Menschen wahrnehmbare Politik zeigte sich davon viel zu lange völlig unbeeindruckt.

A:

Wie haben denn Ihre Mitarbeiter auf den Zuwachs an ausländischen Kunden reagiert? Merkt man da, was sie politisch denken?

Schönherr:

Es gab keinen offenen Widerspruch – eher verdeckten. Es gab zum Beispiel eine Mitarbeiterin, die war eigentlich nur dafür da, die Kühlprodukte nach dem Wareneingang in einem separaten Kühlraum zu sortieren, und die hat sich mit Wurstpaketen in die Tür gestellt und sie nur den Einheimischen zugesteckt. Wir mussten uns leider von drei Leuten trennen, die haben nach außen Lügen über die Tafel verbreitet und versucht, unsere Arbeit zu sabotieren. Das war traurig. Aber es waren eben pegidanahe Leute, die uns als flüchtlingsfreundlichen Vorstand

»madig machen« und absägen wollten. Und auch noch immer nicht Ruhe geben bei Facebook.

B:

Was heißt flüchtlingsfreundlich in der Praxis? Geben Sie Flüchtlingen Vorrang vor denen, die hier schon lange leben und zu Ihnen kommen?

Schönherr:

Nein, natürlich nicht. Aber wir weisen auch niemanden ab, egal ob das für Unmut sorgt oder nicht.

A:

Wie ist denn die Stimmung allgemein an Ihrer Tafel?

Schönherr:

Ach wissen Sie, ich habe leider die Erfahrung machen müssen, dass die meisten Menschen nach unten treten, wenn sie die Chance dazu haben. Das ist schlimm, aber sie fühlen sich dann besser. Egal in welcher Position man selber ist, solange man jemanden findet, über den man mal schimpfen, hetzen oder dem man mal was andichten kann – so scheinen viele zu denken. Ob einer Ingenieur in einem großen Unternehmen ist oder Facharbeiter oder Minijobber – oder hier bei uns an der Tafel. Manchmal denke ich: Jeder sucht sich einen, dem es dreckiger geht. Ich brauche eine enorme Menge an positiver Energie, die ich jeden Tag an unserer Tafel versprühe, um mit gutem Beispiel voranzugehen und einen Umgang und eine interne Kommunikation vorzuleben, die dem Hang zur Grüppchenbildung und der Etablierung eines Gegeneinanders dieser Gruppen oder von Einzelpersonen entgegensteht. Ich kann diese Energie aufbringen, weil ich dafür die Dankbarkeit der

Menschen zurückbekomme, die den Unterschied spüren und auch ihren Teil für einen guten Zusammenhalt beisteuern. Was ich meine, ist: Es kommt darauf an, wen man fragt.

B:

Haben Sie viele ausländische Kunden?

Schönherr:

Wenn es nur nach den Eingeschriebenen geht, dann haben wir etwa ein Drittel Flüchtlinge. Wenn es danach geht, wer bei uns in der Schlange steht, würde ich sagen: 80 Prozent.

A:

Mich überrascht die hohe Zahl von Flüchtlingen. Das hatte ich im Osten gar nicht erwartet.

Schönherr:

O doch. Ende 2015 haben wir an jedem Samstag mehr als 1000 Papiertüten mit Obst und Gemüse verteilt. Die Familien von damals sind noch alle da. Von den jungen Männern aber viel weniger.

B:

Wo sind die?

Schönherr:

Ausgereist, abgeschoben, untergetaucht, schwer zu sagen. Ich glaube aber, dass auch viele einfach selbstständig geworden sind. Syrer zum Beispiel bemühen sich nach meiner Erfahrung sehr intensiv um Arbeit und haben aufgrund ihrer heimischen Ausbildung gute Chancen.

A:

Läuft es halbwegs reibungslos zwischen Deutschen und Flüchtlingen?

Schönherr:

Wir hatten von Anfang an keine Probleme. Eine Sache ist natürlich wichtig: Wir brauchen sehr viele Mitarbeiter dafür. Zwei beim Obst und Gemüse, zwei an der Kühlung, zwei bei den Backwaren und zwei noch beim Einlass. Außerdem haben wir immer Mitarbeiter in der Hinterhand, die eigentlich dafür da sind, nachzufüllen, die sich aber auch dazustellen, wenn es mal Unstimmigkeiten gibt. Wir schaffen es über die Präsenz der Mitarbeiter, wo auch Flüchtlinge dabei sind, Ordnung zu halten.

B:

Haben Sie Sicherheitskräfte?

Schönherr:

Nein. Die Mitarbeiter mit Erfahrung im Wachschutz oder dergleichen haben wir aus den Lebensmittelausgaben wieder rausgenommen. Mit ihnen hat es nicht gut funktioniert.

Es braucht nicht die uniformierte, männliche Ausstrahlung, Furcht oder Abschreckung. Es braucht Erfahrung und Praxis als Teil der Ladenteams und korrekte Ansprache und hohe Präsenz.

B:

Haben Sie sich mal die Frage gestellt, warum eigentlich Flüchtlinge zu Ihrer Tafel kommen? Die Versorgung durch den Staat ist sicher nicht üppig, aber den täglichen Gang zur Tafel sollte sie schon überflüssig machen.

Schönherr:

Oh, das liegt vor allem an den Essgewohnheiten. Flüchtlinge kaufen vor allem viel Gemüse, um täglich abends zu kochen. Darum kommen Flüchtlingsfamilien durchaus auch täglich, während unsere einheimischen Kunden meistens nur ein- bis zweimal die Woche erscheinen.

B:

Macht es für Sie gar keinen Unterschied, ob an der Tafel zur Hälfte Deutsche stehen und zur Hälfte Ausländer oder nur Ausländer?

Schönherr:

Nein, warum sollte es?

Abgesehen davon wird das Letztere nicht passieren. Dieses System erzeugt so viele hilfsbedürftige Menschen. Sie können sich das vielleicht gar nicht vorstellen.

A:

Zumindest kann man immer wieder davon lesen …

Schönherr:

Oder auch Rentner, die Enkelkinder haben und ihr Geld für sie sparen wollen …

B:

Ist die Tafel wirklich dafür gemacht?

Schönherr:

Ich finde, die Tafeln sollen allen Bevölkerungsgruppen, die im Vergleich große Abstriche in der Lebenshaltung machen müssen, offen stehen. Nehmen Sie auch nur die vielen, vielen Menschen mit so niedrigem Einkommen, dass sie sich durch die Einkäufe bei der Tafel überhaupt erst Kinobesuche, Schwimmbad mit den Kindern, Rummelplatz oder Besuche der Märkte, Feste und Attraktionen in der Innenstadt leisten können. Für die Wünsche eines Kindes sind an einem Wochenende 100 Euro schnell ausgegeben. Die Leute müssen nur die erste Scheu ablegen, zu uns zu kommen. Wir sind ein Zweitverwerter für das, was die Überflussgesellschaft für immervolle Regale produziert und in jüngere Produkte tauscht. Und wir sind ein verantwortungsbewusster Arbeitgeber. Wir beschäftigen mehr als 200 Menschen, die mindestens einmal in der Woche für mindestens fünf Stunden mitarbeiten. Als Tafel helfen wir, dass Menschen ihre Woche und ihre Tage strukturieren können. Dass auch Menschen mit psychischen und seelischen Erkrankungen am Leben in der Gesellschaft teilhaben können, durch Arbeit. Wir sind bemüht, für jeden eine passende Tätigkeit zu finden oder ihn dafür anzulernen. Bei uns sitzt auch ein gelernter Dreher entsprechend seiner gesundheitlichen Möglichkeiten am Rechner im Büro. Er hat gelernt, präzise zu arbeiten. Das brauchen wir dort. Und wenn ich noch alle dazurechne, die sporadisch helfen kommen oder aufgerufen werden können, insbesondere Auszubildende und Studenten, sind es mehr als 300 Menschen.

A:

Kann sich bei Ihnen jeder als bedürftig anmelden?

Schönherr:

Ja.

A:

Status, Staatsangehörigkeit, alles egal?

Schönherr:

Das Einzige, was man braucht, ist ein entsprechend niedriges Einkommen. Das muss nachgewiesen werden. Und wenn es kein Einkommen gibt, dann besteht die Möglichkeit, eine eidesstattliche Versicherung abzugeben. Es wird aber auch niemand weggeschickt, der das erste Mal zur Tafel kommt und sagt, dass er Hunger hat.

A:

Ich weiß schon, was den Kollegen umtreibt: Wenn die Hälfte der Hartz-IV-Empfänger keine deutschen Staatsbürger sind oder wenn der Großteil der Menschen in den Gefängnissen einen Migrationshintergrund hat, was macht das mit der Gesellschaft?

Schönherr:

Also zumindest wissen wir dann, dass wir grundsätzlich sehr viel falsch gemacht haben. Deutschland sollte viel selbstverständlicher eine Einwanderungsgesellschaft sein. Wir haben heute Quoten für die Einstellung von Menschen mit Behinderung, ebenso sollten Unternehmen verpflichtet werden, Menschen mit Migrationshintergrund zu beschäftigen. Das kann der Staat allein nicht leisten.

B:

Noch einmal: Wenn der Staat die Flüchtlinge unterstützt, müssen Sie es dann auch noch tun?

Schönherr:

Ja. Sie sollen einfach keine Benachteiligung erfahren müssen. Ich weiß natürlich, warum Sie das erneut fragen. Weil die Tafel Essen sich dafür entschieden hat, Neuanmeldungen von

Flüchtlingen vorübergehend auszusetzen, um einheimische Tafelkunden zurückzugewinnnen, bis sie wieder 50 Prozent der Essener Tafelkunden ausmachen. Ich habe das damals für einen Fehler der Kollegen gehalten, weil sie gegenüber den Medien zu diesem Zeitpunkt über keine anderen Möglichkeiten der Veränderung der Lebensmittelausgabe gesprochen haben oder für mehr ehrenamtliche Mitarbeiter geworben haben. Ich habe mich sehr gründlich mit der Tafelbewegung beschäftigt, mit dem Menschenbild, das hier vertreten wird. Und ich kann Ihnen sagen: Wenn ich jemals das Gefühl gehabt hätte, dass irgendwelche Menschengruppen ausgeschlossen werden, dann hätte ich mich hier nie engagiert.

3. MACHT ARMUT KRANK?

Blome:

Wenn mal irgendwo und irgendwie gar nichts mehr geht für die Armutslobby in Deutschland, eines geht immer: die Nummer von »Krank durch Armut«, die populistisch perfide Verknüpfung von Geld und Leben.

Herangezogen wird gern der Hartz-IV-Empfänger im bitterarmen Pirmasens und ein Gutverdiener aus dem einkommensreichsten Kreis in ganz Deutschland, aus Starnberg. Statistisch sollen die beiden eine bis zu 20 Jahre auseinanderklaffende Lebenserwartung haben. Sauerei: Der Reiche kauft sich Leben, und die Armen holt der Tod. Grund genug für die sofortige Egalisierung aller Einkommens- und Vermögensverhältnisse, nicht wahr? Damit die Reichen keinen Tag länger leben (als Arme).

Das ist so aberwitzig wie bösartig.

Damit wir uns richtig verstehen: Auch in Deutschland sterben arme Menschen in der Regel früher als reiche Menschen, ja das stimmt. Das heißt aber nicht, dass Armut tötet.

Vielmehr ist es so: Bildungsniveau und Arbeit bedingen (unter anderem) das Einkommen. Bildungsniveau und Arbeit bedingen (unter vielem anderen) auch die Lebenserwartung. Beides lässt sich getrennt voneinander mit Studien belegen. Aber nur Klippschüler oder Wohlfahrtsverbände sagen: Also bedingt das Einkommen direkt auch die Lebenserwartung.

Dieser Kurzschluss ist in etwa so intelligent wie der Satz: Je mehr edle Fotobildbände in einem Haushalt auf dem Couchtisch liegen, umso älter werden die Bewohner. Tatsächlich ▼

Augstein:

Der Kollege Blome lehnt die Frage, ob Armut krank mache, ab. Die Verknüpfung von Geld und Gesundheit findet er perfide und nennt das »Armuts-Porno«. Der Kollege Blome hat recht: Geld macht nicht gesund. Und die Gleichung – je mehr Geld, desto gesünder – stimmt auch nicht. Beispielsweise nützt ein 500-Euro-Schein in der Brusttasche der Gesundheit nicht mehr, als ein 50-Euro-Schein. Wenn man Geld isst, schadet es sogar der Gesundheit. Vor allem bei Münzen muss man aufpassen.

Der Kollege Blome sagt, es gebe zwischen Armut und Gesundheit keine kausalen Verknüpfungen – in seinem Interesse ist zu wünschen, dass das Gleiche für die Beziehung von Intelligenz und Gesundheit gilt. Denn hier redet der Kollege Blome wirklich mal gefährlichen Unsinn.

Es gibt ganze Berge von Statistiken, die die Korrelation zwischen Armut und Gesundheit belegen. Ein kleiner Blick ins Krebsregister gefällig? In Regionen mit einem niedrigen sozioökonomischen Status kommt es bei Männern häufiger zu Lungen-, Mund- und Atemwegs-, Magen-, Nieren- und Blasenkrebs. Frauen haben hier ein höheres Risiko für Krebserkrankungen in Nieren, Blase, Magen, Gebärmutterhals und Leber, außerdem kommt es häufiger zu Leukämien und Lymphomen.

Das ist Statistik – kein »Armuts-Porno«. So wenig wie Geld gesund macht, ist es die Armut selbst, die krank macht. Es ist das Leben in Armut. Arme Männer haben bei uns eine Lebens-

▼ erwartung von 70,1 Jahren, wohlhabende von 80,9

leisten sich arme Menschen in der Regel wenig bis keine edlen Fotobildbände auf dem Couchtisch, und sie sterben früher als Reiche. Muss an den Bildbänden liegen. Im Ernst?

Der Arzt fragt nicht: Macht hohes Fieber den Patienten krank? Er fragt: Warum hat der Patient hohes Fieber? Entsprechend muss die soziale Frage lauten: Warum ist jemand arm? Etwa weil er aus einem Haushalt ohne Bildungsehrgeiz kommt? Weil er keine gute Schule besuchen durfte? Keinen Berufsabschluss hat und folglich auch keinen oder nur einen schlechten Job? Dann wären das die Gründe für Armut und zugleich auch die wahren Gründe für eine kürzere Lebenserwartung. Tatsächlich ernähren weniger Gebildete sich weniger gesund und wissen seltener, was sie für ihre Gesundheit ansonsten tun könnten.

Macht Armut krank? Wer so fragt, will in Wahrheit keine Antwort, sondern einen mit schlechtem Gewissen grundierten Zusammenhang herstellen, der sich politisch ausschlachten lässt. Wer so fragt, will mit Armuts-Porno Stimmung machen.

Jahren. Bei Frauen liegen die Zahlen bei 76,9 Jahren und 85,3 Jahren. Warum ist das so? Die Antwort ist so einfach, dass sogar Blome sie verstehen kann: weil ärmere Menschen ungesünder leben. Sie essen schlechteres Essen, sie bewegen sich weniger, sie trinken mehr Alkohol, sie haben schlechtere Arbeitsbedingungen, sie atmen schlechtere Luft. Das alles gehört dazu, arm zu sein.

Jetzt könnte man natürlich die Ansicht vertreten, die Armen sollten mehr Sport machen, auf besseres Essen und überhaupt gesündere Lebensbedingungen achten. Danke für diesen Hinweis. Er ist ungefähr so klug wie jener berühmte Satz, der Marie-Antoinette zugeschrieben wird: »Wenn sie kein Brot haben, dann sollen sie Kuchen essen.« Immerhin, das Zitat ist falsch. Die Hinrichtung, die man ihr hat zuteil werden lassen, die war echt.

4. WER STIEHLT WEM DIE HEIMAT?

Augstein:

Es gibt eine Renaissance des Begriffs Heimat – die finde ich verwunderlich. Aber um Ihnen gleich vorzubeugen: Ich habe mit dem Wort kein Problem. Die alten linken Berührungsängste, die habe ich lange überwunden, wenn ich auch zugeben muss, dass ich sie immer noch spüre. Ich glaube, wenn die Leute dauernd über Heimat reden, ist das ein Krisenzeichen.

Blome:

Das ist ja frech. Sie und Ihresgleichen haben den Begriff Heimat jahrzehntelang verfemt, verhetzt und bis auf die Grundmauern niedergebrannt. Die Linke hat Heimat zum Synonym für verstockten Konservativismus gemacht, wenn nicht zum Synonym für rechtsextrem, schon vergessen? Und jetzt parlieren Sie darüber, dass Sie Ihre »Berührungsängste« überwunden haben? Chapöchen, sag ich, aber das hätte Ihnen wirklich früher einfallen können.

A:

Sie Spaßvogel – es waren nicht die Linken, die hierzulande den Heimatbegriff zerstört haben, sondern die deutsche Geschichte. Es hat nach der Nazi-Diktatur ein paar Jahrzehnte gedauert, bis die Deutschen halbwegs in den Spiegel gucken konnten. Aber wie gesagt, ich habe mit dem Wort Heimat kein Problem. Das ist eben wie früher in der Betonwerbung: Es kommt darauf an, was man daraus macht: gemütliches Kaminfeuer auf Rügen oder braune Nazi-Hölle.

B:

Merken Sie das? Sie wollen den Begriff immer noch kaputt machen, indem Sie ihn entweder künstlich harmlos oder künstlich monströs machen. Wir haben für BILD vor einiger Zeit einmal eine große Heimat-Umfrage gemacht: Sage und schreibe 92 Prozent der Deutschen sehen den Begriff positiv besetzt, selbst 82 Prozent der Linkspartei-Anhänger. Für 85 Prozent gehört »sich heimisch fühlen« zu ihrem persönlichen Gefühl von Glück und Zufriedenheit, quer durch alle Schichten. Knapp 70 Prozent sehen ihren Herkunftsort als ihre Heimat an, und ein Foto von einem Wald löst bei 46 Prozent der Befragten das Gefühl von Heimat aus. Die Autobahn kam übrigens nur auf 16 und der Gartenzwerg nur auf neun Prozent. Sie müssen also keine Angst um uns haben, lieber Augstein. Heimat und Nationalismus gehören nicht automatisch zusammen. Oder wie mal in der SZ stand: Heimat ist größer als Familie und kleiner als Vaterland.

A:

Sie meinen, Heimat ist größer als der Helm meines Neffen, aber kleiner als der Garten meines Onkels? Von mir aus. Wobei ich sagen muss, dass ich das mit dem Wald nie verstanden habe. Ich habe praktisch alle Grimms Märchen gelesen und seitdem eine Heidenangst im Wald. Für mich ist Heimat die Elbe bei ablaufendem Wasser, die Nordsee im Sturm. Aber das verstehen Sie nicht, Sie Landei.

B:

Da geht es Ihnen wie der großen Mehrheit der Deutschen, für die Heimat ein konkreter Ort ist. Für mich sind es eher Menschen, meine Familie vor allem. Vielleicht auch nur eine Erinnerung an bestimmte Menschen, an eine vergangene Zeit mit ihnen. So wie in *Brideshead Revisited* von Evelyn Waugh, kennen Sie das? Bundespräsident Steinmeier sagt, Heimat sei »Verstehen und Verstanden werden«. Das finde ich schön.

A:

Genug, genug! So viel Gefühl hat Steinmeier vorher in seinem ganzen Leben noch nicht geäußert, mir kommen gleich die Tränen. Aber der Grund, warum Heimat jetzt als Wort zurückkommt, besteht ja nicht darin, dass die kulturelle Hegemonie der Linken ins Wanken geraten ist und jetzt sozusagen eine Normalisierung einsetzt – sondern weil die Globalisierung den Leuten den letzten Rest an Sicherheit raubt. Gustav Seibt hat in der FAZ einmal einen Text über die »Fieberkurve« des Heimatbegriffs veröffentlicht: Wie oft das Wort zu welcher Zeit überhaupt gebraucht wurde. Ergebnis: vor 1800 fast gar nicht, ab dem zweiten Drittel des 19. Jahrhunderts sehr viel, zwischen 1990 und 2010 weniger, seither wieder mehr. Das fand ich spannend: Je höher die Fieberkurve, desto kränker der Patient Deutschland. Noch einmal: Die Sehnsucht nach der Heimat ist ein Krankheitssymptom.

B:

Aha. Wer sich am unteren Ende der sozialen Skala nach Überschaubarkeit der Verhältnisse und Verstandenwerden sehnt, ist also krank? Wer sich als Teil einer globalisierten Elite ganz oben sieht und sich seiner Identität mit Hilfe von Heimat vergewissern will, ist also krank? Das kann nicht Ihr Ernst sein:

Dann wären ja nur die Heimatlosen gesund. Und Sie wollen keine Probleme mit dem Begriff Heimat mehr haben?

A:

Sie haben mich absichtlich falsch verstanden. Heimat wird immer dann wichtig, wenn sie bedroht ist. Eine Sache, derer man sich sicher ist, muss man nicht dauernd betonen. Die Frage ist doch, wer bedroht die Heimat – und kann man, soll man, etwas dagegen tun. Ich glaube, es ist die Globalisierung, die die Leute entwurzelt. Die AfD glaubt, es seien die Migranten, die allerdings auch ein Phänomen der Globalisierung sind. Soll man also die Globalisierung zurückdrehen oder verlangsamen – oder soll man die Migration stoppen?

B:

Sie reden wie Horst Seehofer, tut mir leid. Der nennt die Globalisierung das »überragende politische Problem der kleinen Leute«. Andere reden von der »Krise der Staatlichkeit«, weil die Regelungsmacht der Nationalstaaten zunächst einmal keinen globalen Zugriff hat. Aber, erstens: Seehofers Bayern ist nur dank der EU und der Globalisierung vom Agrar- zum Industrie- und Hightech-Land geworden – jetzt auf einmal soll sie ein Riesenproblem sein? Und, zweitens: Was hätte ihm Bayerns Staatlichkeit genutzt, wenn es nur ein Armenhaus zu verwalten gegeben hätte? Im Grunde ist das Ganze nur ein Schein-Widerspruch, den Leute wie Marine Le Pen, Victor Orbán oder Donald Trump zwischen Heimat und Globalisierung konstruieren wollen, jeder auf seine bigotte Weise. Ich bin für Globalisierung und für Heimat, ganz einfach, weil sie einander bedingen: Nur wer sich seiner Heimat sicher fühlt, kann das Beste aus der Globalisierung machen – die mit ihrem Veränderungsdruck wiederum die Heimat ökonomisch ertüchtigt und über Wasser hält. Anfang der 90er Jahre exportierten deutsche Unternehmen im Schnitt 20 Prozent ihrer Produktion, heute knapp 50 Prozent. Sie sehen an der Globalisierung allein das Bedrohliche, Sie wollen den Leuten einreden, dass die Globalisierung ihnen die Heimat raubt. Warum? Weil Sie grundsätzlich gegen Kapitalismus sind.

A:

Das ist ein Gedanke von Jean Améry: Nur wer Heimat hat, kann auf sie verzichten. Das sehe ich genauso. Aber das ist wirklich für Fortgeschrittene – das muss man erst mal können. Dafür braucht es eine Befähigung. Der deutsche Mittelstand profitiert von der Globalisierung und kann sich dennoch gemütlich in seinem schwäbischen Dorf einrichten. Wenn Sie in Brandenburg sozusagen tot überm Zaun hängen, sehen Sie das anders. Sie besingen eine Welt aus schwäbischen Schraubenfabrikanten oder Berliner Latte-Macchiato-Müttern. Aber die Verlierer kümmern Sie einfach nicht.

B:

Natürlich gibt es nicht sofort nur Gewinner, aber ich verstehe die unter Linken weit verbreitete Wonne nicht, über Globalisierung zu reden wie über Ebola. Die Globalisierung hat unendlich viel mehr Arme reicher gemacht als Reiche noch reicher. Globalisierung ist, wenn der Hunger in der Welt immer weniger wird und zwar rasant. Globalisierung ist, wenn sich jeder den Flug nach Mallorca leisten kann. Und vor allem ist Globalisierung ein antitotalitäres Projekt, Mitte 1941 als Atlantik-Charta von Churchill und Roosevelt auf einem Schiff vor Neufundland unterschrieben. Das »Selbstbestimmungsrecht der Völker«, die UNO, freier Handel, freier Zugang zu Rohstoffen, der Internationale Währungsfonds – alles Lehren aus dem Zweiten Weltkrieg, alles Triebfedern der Globalisierung. Auch die Europäische Union, das große Friedensprojekt unseres Kontinents, ist im Kern ein durchglobalisierter Binnenmarkt. Haben Sie das Ganze schon mal so betrachtet?

A:

Wenn man die Welt wie durch eine schmale Schießscharte betrachtet, haben Sie recht mit allem, was Sie sagen. Wenn Sie den Blick weiten, wird das Bild deutlich düsterer. Der Westen hat sein Ideal von Freiheit und Freihandel zu hohen Kosten verfolgt. Humanitäre Kosten, wenn man sich die Kriege und politischen Verwerfungen ansieht, die westliche Dominanz zur Folge hatte. Und natürliche Kosten, wenn man sich die Folgen für Klima und Umwelt ansieht. Die Globalisierung, die Sie so loben, hat den Planeten irreparabel geschädigt. Die Frage ist jetzt nur noch, welches Ausmaß die Schäden haben werden: Bei zwei bis drei Grad Erderwärmung verschwinden die Küsten. Bei vier bis fünf Grad die menschliche Zivilisation, so wie wir sie kennen. Bislang ist es uns immer gelungen, die Kosten, die wir verursachen, zu externalisieren – Sie haben doch Wirtschaft studiert, Sie wissen, was das bedeutet. Aber das geht nun nicht mehr. Die Kosten kommen zurück, Klima, Migration, und das ist erst der Anfang. Wir reden hier über Heimat. Ich bezweifele, dass unsere »Heimat« diesen Stürmen gewachsen sein wird.

B:

Wenn es um die Lernfähigkeit von Kapitalismus und Demokratie geht, bin ich Optimist. Die Entkoppelung von Wirtschaftswachstum und Energieverbrauch galt lange als unmöglich, in Europa geht es inzwischen doch. Daheim im Nationalstaat können die Regierungen manche Komponenten von sozialem Zusammenhalt mit Steuergeld gleichsam kaufen.

Aber das Ganze hat auch eine kulturelle Dimension. Es geht um Identität, für die Heimat der Raum ist, und zwar kein neutraler, sondern ein vorgeprägter, ein Raum mit einer Voraufladung. Also: Wer ist drin, wer will rein – und soll er dürfen? So sind Sie ganz rasch bei Zuwanderung, bei Fremdenangst und Angst vor »Fremd werden im eigenen Land«, denn die jüngste Zuwanderung war nun einmal fremder als frühere Wellen. Diese Ängste, gerade unten in der Gesellschaft, können Sie so wenig leugnen, wie ich leugnen kann, dass es auch Globalisierungs-Verlierer gibt.

A:

Welches Unten meinen Sie da eigentlich? Die Leute, die ihre Namen unter die berüchtigte »Erklärung 2018« gesetzt haben? »Mit wachsendem Befremden beobachten wir, wie Deutschland durch die illegale Masseneinwanderung beschädigt wird. Wir solidarisieren uns mit denjenigen, die friedlich dafür demonstrieren, dass die rechtsstaatliche Ordnung an den Grenzen unseres Landes wiederhergestellt wird.« So viele Doktores und Professoren haben Sie seit Ihrem letzten Burschenschaftstreffen nicht mehr auf einem Haufen gesehen. Das ist doch das Problem – es gibt eben nicht nur ein soziales Unten, sondern auch ein moralisches. Das sind lauter Leute, die von der Migration gar nicht betroffen sind, denn Migration und Integration spielen sich tatsächlich eher im sozialen Unten ab. Aber die feinen Leute in Blankenese, wo der Syrer höchstens zum Rasenmähen kommt, die regen sich auf.

B:

Sie haben recht, die Leute auf der Erklärung sind moralisch unten. Aber nicht, weil sie wohlhabend und fremdenfeindlich sind, sondern nur weil sie wider besseren Wissens einen Überfremdungs-Popanz aufbauen. Trotzdem ist, was Sie da sagen, auf paradoxe Weise elitär. Warum sollen sich die oben nicht über Zuwanderung oder ihre Angst vor zu viel Zuwanderung unterhalten dürfen? Nur weil sie größere Gärten als die unten haben und man in ihren Feinkostläden weniger Migranten trifft als bei Aldi? Wenn wir die Frage verhandeln, was oder wer Heimat bedroht, dann darf jeder mitreden. Es ist auch nicht böser Wille derer oben, dass die unten die Hauptlast der Integration werden tragen müssen. Das liegt in der Natur der Dinge: Migranten und Flüchtlinge kommen in aller Regel unten in der Gesellschaft ihrer neuen Heimat an, in den einfachen Wohngebieten, einfachen Schulen und einfachen Jobs. Umso mehr Halt brauchen die Einheimischen, auf die sie treffen. Augstein, Sie wollen doch einen Staat, der die Schwachen schützt? Ich auch. Das heißt: Der Staat muss die Zuwanderung begrenzen und besser steuern, denn er muss die einhergehende kulturelle Veränderung des Landes und der Lebenswelt der kleinen Leute bremsen.

A:

Blome, es gibt Leute, die haben mit der Migration ein sozusagen juristisches Problem, die berufen sich auf irgendwelche Gesetze, nach denen viele der Migranten angeblich nicht hier sein dürften. Lauter Verwaltungsrechtler! Aber die Wirklichkeit richtet sich leider nicht nach den deutschen Gesetzen. Der Deutsche hätte am liebsten eine Rechtsschutzversicherung gegen die Geschichte. Solche Leute akzeptieren nicht, dass Politik manchmal das Gesetz transzendiert. Das ist das eine. Das andere ist: Viele Leute wollen schlicht keine Fremden. Und zwar gar nicht unbedingt, weil die Fremden die Gesellschaft verändern – sondern weil sie sie einfach nicht wollen. Die Frage ist: Ist das eine legitime Haltung? Denken Sie an Rüdiger

Safranski, einen angesehenen und mit Preisen überhäuften publizistischen Philosophen, der gesagt hat, es gebe keine Pflicht zur Fremdenfreundlichkeit.

B:

Es muss zumindest ein Verbot von Fremdenfeindlichkeit geben. Machen Sie die Umkehrprobe: Die meisten, die Safranskis Satz empört widersprechen, würden zugleich nie sagen, dass es eine »Pflicht zur Deutschenfreundlichkeit« gibt.

A:

Sie meinen, weil die Deutschen die Indianer von heute sind – vom Aussterben bedroht? Mann, Blome – es gibt eine Pflicht zur Menschenfreundlichkeit, das genügt doch.

B:

Damit machen Sie es sich zu einfach. Wir brauchen Klarheit über unsere Haltung zur Zuwanderung.

A:

Die kann ich Ihnen liefern. Fragen wir uns einfach: Wie wird Heimat in Frage gestellt? Durch Globalisierung und durch Migration. Das sind zwei Seiten einer Medaille. Im Interesse der Menschen, die sich Sorgen machen, muss der Staat die Auswirkungen beider Kräfte abmildern. Ich finde aber, dass der Staat die Folgen der Globalisierung stärker abmildern muss als die der Migration. Denn ich halte Globalisierung, weil sie Ungerechtigkeit erzeugt, für eine zerstörerischere Kraft als Migration, die ich eher für eine Bereicherung halte, also eine gute Kraft. Aber ich bin mir im Klaren darüber, dass ich damit bereits eine Wertentscheidung getroffen habe, die man nicht teilen muss, für die ich in einem demokratischen Diskurs kämpfen muss.

B:

Es gehört zur Demokratie, so etwas zivilisiert zu verhandeln. Aber wenn wir hier Werturteile fällen, dann bitte klare. Ich sage: Wenn man sich zwischen beiden entscheiden müsste, dann wäre auf Migration leichter zu verzichten als auf Globalisierung. Ich behaupte, dass die meisten Leute unten wie oben mehr Angst vor den Folgen einer ungesteuerten Zuwanderung haben als vor den Folgen der Globalisierung für ihren Job.

A:

Ja – und das machen sich die Profiteure der Globalisierung zunutze, indem sie die Wut der Leute auf die Migranten umlenken. Das ist der zutiefst unmoralische Kern der Anti-Migrationspolitik der Rechten. Abgesehen davon, nach allem, was ich weiß, brauchen wir zwischen 200 000 und 400 000 Migranten jedes Jahr, um unser Sozialprodukt zu halten. Wir sind doch schon wieder dabei, im Ausland Arbeitskräfte anzuwerben. Auf Migration kann nur verzichtet werden, wenn auch auf Reichtum verzichtet wird. Darum bin ich übrigens ganz optimistisch: Der Mittelstand wird dafür sorgen, dass die Migration nicht abreißt. Und er wird auch für die Integration sorgen. Die Kräfte des Kapitalismus können ja auch mal für etwas gut sein.

5. GIBT ES EINEN RECHTSRUCK IN DEUTSCHLAND?

Augstein:

Deutschland erlebt eine rechte Revolution. Den Rechten ist gelungen, was die Linken sich schon lange wünschen: die Verhältnisse zum Tanzen zu bringen. Aber für Demokratie und offene Gesellschaft kann das ein Totentanz werden.

Die Flüchtlingskrise hat freigelegt, was offenbar am Boden der deutschen Seele noch schlummerte. Rechts der Mitte gab es immer zwei Lager - Konservative und wirklich Rechte. Aber diese Grenze löst sich auf. Rüdiger Safranski, Henryk M. Broder, Monika Maron - aus Angst und möglicherweise auch aus einer gewissen Abscheu vor dem Islam haben sich bürgerliche Intellektuelle und Publizisten in gefährliche Nähe zu völkischem Denken begeben. Ein Verfassungsschützer aus Sachsen-Anhalt hat gesagt, es sei erschreckend, dass »das Bürgertum überhaupt nicht mehr differenziert«.

Rechts und intellektuell, das passte schlecht zusammen. Bislang wehte der Geist links. Aber jetzt wollen die Rechten die »kulturelle Hegemonie« erobern - das Konzept geht auf den Marxisten Antonio Gramsci zurück.

Die übrigen Parteien und die Medien haben versagt.

Gegenüber der Wucht der rechten Wut ist ihre Strategie der Verharmlosung gescheitert. Noch im Jahr 2015 hat die Süddeutsche Zeitung geschrieben: »Die AfD ist keine Partei, die man wegen politischer Inhalte ernst nehmen müsste.« Das war entweder ein Zeichen für große Arroganz oder für ein gewaltiges Missverständnis. Man muss die AfD wegen ihrer politischen Inhalte nicht nur ernst nehmen - man muss sie fürchten. ▼

Blome:

»Rechtsruck!« Das Wort soll Angst machen. Angst vor einer »anderen Republik«, vor dem »Ende der Weltoffenheit«, ja, vor dem »Ende der Demokratie« in Deutschland.

Geht's noch?

»Rechtsruck!« Das Wort zeigt in Wahrheit, wie viel Angst Linke und Teile eines selbstgefälligen Bürgertums inzwischen haben. Es ist aber nur Angst um ihre Selbstsicherheit, stets zu den Gewinnern gesellschaftlicher Auseinandersetzungen zu gehören. Die Angst, zum ersten Mal seit mehr als einem halben Jahrhundert könnte das politische Momentum eine Weile gegen sie stehen.

Das tut weh. Aber da müssen die jetzt durch.

Gesellschaftlich hat die Hälfte links der Mitte in Nachkriegsdeutschland einen Siegeszug sondergleichen hinter sich. Das hat den Deutschen die meiste Zeit, mit manchen großen Ausnahmen, gut getan. Der Mainstream, die Meinung der breiten Mitte, wurde dabei seit den 60er Jahren von zwei kräftigen gesellschaftlichen Unterströmen in Richtung links verschoben: Emanzipation und Naturschutz. Das eine hat die SPD die Regierung übernehmen, das andere die Grünen entstehen lassen. Auch Liberale und Christdemokraten hat das verändert. Warum auch nicht, gerade Volksparteien sind so. Sie müssen so sein.

Nun verschiebt sich der Mainstream erneut, dieses Mal in Richtung rechts. Festgemacht wird das an manchen Gedanken-

▼ ausflügen bei CDU und CSU, am Auftrumpfen der AfD, an

Augstein ▼

Rechtspopulismus ist kein Unfall – sondern das notwendige Ergebnis eines neoliberalen, postdemokratischen Systems. Das Murren der Unzufriedenen schwillt zum Grölen der Aufsässigen. Der deutsche Links-Politiker Jan Korte hat gesagt: »Es ist ein großer linker Irrglaube gewesen, dass es immer nur noch schlimmer werden muss, und die Leute sagen, jetzt hoch die internationale Solidarität. Das Gegenteil ist der Fall: Je schlimmer es wird, umso stärker werden die Ressentiments, umso stärker wird die Rechte.« So ist es. Wer Angst hat, macht anderen Angst.

Die Büchse der Pandora ist geöffnet. Man sieht nicht, welche Reformen wieder einfangen können, was den demokratischen Himmel verdunkelt wie ein Schwarm Krähen: Rassismus und Hass, Zynismus, Gewalt und Verachtung. Gesellschaften können Zivilität lernen und verlernen. Es gibt einen Prozess der Entzivilisierung, der schwer reversibel ist.

der Verschärfung des Asylrechts, an der (späten) Abgrenzung gegen den politischen Islam und einer nicht zu bestreitenden Verrohung der öffentlichen Sprache. Wobei: Das »Enteignet Springer!« der 68er war auch nicht gerade Bergpredigt.

Das reicht jedoch nicht, um mit Schnappatmung der Republik einen totalen Rollback vorherzusagen oder gar einen Rechtsruck zum Autoritären, offen Xenophoben. Welcher gesellschaftliche Unterstrom soll das Land (oder die Post-Merkel-CDU) denn in diese Richtung tragen? Was es an Fremdenfeindlichkeit in Deutschland gibt, gibt es schon lange. Was es an Verlustängsten gibt, ebenso. Das System, das die AfD so unflätig beschimpft, ist damit stets klar gekommen. Warum sollte es dieses Mal scheitern?

Die AfD wird so oder so zur Hinterlassenschaft der Ära Angela Merkel gehören. Aber entweder veredelt das parlamentarische System die AfD zu einer koalitionsfähigen Rechts-Partei oder es scheidet sie als braune Masse wieder aus. Ersteres geschähe in x Europa-, Landtags- oder Bundestagswahlen, mithin als nicht zu beanstandende Veränderung der politischen Landschaft: Auf Sicht wären CDU-geführte Regierungen ohne SPD oder Grüne möglich.

Die Linken und ihre bildungsbürgerliche Anhängerschaft dürfen nun einen Fehler nicht begehen: Ihren zeitweiligen Bedeutungsschwund mit dem Scheitern des demokratischen Systems gleichsetzen, so könnte man die deutsche Demokratie tatsächlich kaputtreden. Stattdessen täte es die Einsicht: Man kann nicht immer gewinnen.

V

BLUT

1. SIND DIE FREMDEN DAS NEUE UNTEN?

Blome:

Lieber Augstein, es wird Zeit, dahin zu gehen, wo es weht tut. Ich sage: Die Maßzahl für Unten in Deutschland ist inzwischen nicht mehr so sehr, wie viele Menschen kein Geld haben. Sondern, wie viele Menschen davon keinen deutschen Pass haben oder keine deutschen Eltern.

Augstein:

Ich wusste nicht, dass der Pass allein über den sozialen Status entscheidet. Wenn das so ist, bin ich für sofortige Einbürgerung aller Migranten! Wenn sich doch nur alle Probleme so einfach lösen ließen! Oder habe ich Sie falsch verstanden?

B:

Sehr witzig, Frei-Pass für alle? Das Problem einfach mit einer Massen-Einbürgerung wegzudefinieren? Es ist schlimm genug, dass sich unten in der Gesellschaft eine Gruppe ohne Bildung und ohne Geld verfestigt hat. Aber glauben Sie nicht, dass es noch mehr Sorge machen muss, wenn diese Gruppe zu immer größeren Teilen aus Ausländern besteht?

A:

Bevor wir darüber reden: Wollen Sie diese These mit Zahlen vielleicht belegen?

B:

Zahlen? Immer gern. Die Schulabbrecher-Quote unter Migrantenkindern ist fünfmal so hoch wie unter deutschen. Jeder dritte Bezieher von Hartz IV ist Ausländer, das heißt, er hat keinen deutschen Pass. In der Kriminalstatistik, ohne Pass-Vergehen, sind Ausländer im Vergleich zu ihrem Anteil an der Gesamtbevölkerung weit überproportional unter den Tatverdächtigen zu finden: 2017 waren es 34,8 Prozent. Immerhin ein Rückgang zu 2016, da waren es 40,8 Prozent. Aber bei einem Anteil an der Gesamtbevölkerung von rund 12 Prozent.

A:

Diese Zahlen sagen mir zwei Dinge: Die Deutschen haben viel zu lange die Tatsache ignoriert, dass ihr Land ein Einwanderungsland ist. Sie müssen sich vorstellen, dass die CSU das im Jahr 2010 noch ganz offiziell auf einem Parteitag verkündet hat.

B:

Stimmt.

A:

Heute hat ein Viertel der Deutschen den sogenannten Migrationshintergrund. Der bedeutet: Die Person selbst oder mindestens ein Elternteil ist nicht mit deutscher Staatsangehörigkeit geboren. Das sind bald 20 Millionen Menschen, und dann sagt ein CSU-Generalsekretär im Fernsehen: »Deutschland ist kein Einwanderungsland.« Das war Herr Dobrindt.

Und zweitens wundere ich mich über Ihre Verwunderung. War es denn nicht meistens so, dass Einwanderer unten anfangen? Das gilt für die sogenannten Wirtschaftsmigranten, die kommen, um sich hier ein neues Leben aufzubauen – und erst recht für Flüchtlinge, die ihre Heimat notgedrungen verlassen haben. Die bringen alle nicht viel mehr mit als den Willen, hier neu anzufangen. Und damit beginnt – im besten Fall – die klassische Aufstiegsgeschichte, über die wir bereits geredet haben: Die erste Generation steht am Fließband, die nächste geht auf die Uni. Darf ich von dem Mann erzählen, der mir neulich beim Bäumepflanzen geholfen hat?

B:

Ich dachte, wenigstens die Gartenarbeit machen Sie selber …

A:

Spaß beiseite. Der Mann ist alevitischer Kurde und war früher in der Türkei Gymnasiallehrer. Dann ist er Anfang der 70er Jahre emigriert und fand hier nur Arbeit als Gärtner. Er hat fünf Töchter, die sind alle auf der Uni und studieren Jura, Medizin und Lehramt. Und bevor Ihnen jetzt Tränen der Rührung kommen, die Idee ist diese: Als der hier vor 40 Jahren angefangen hat, war er auch ganz unten. Aber da ist er eben nicht geblieben. Wir sollten uns lieber darüber unterhalten, warum das in diesem Fall funktioniert hat.

B:

Solche Geschichten gibt es hoffentlich hunderttausendfach, da sind wir uns doch einig. Deutschland ist ein großartiges Land, das großartige Menschen anzieht. Haben Sie damals das Interview mit der Autorin Hatice Akyün in der SZ gelesen? Sie hat die Integration ihrer Familie so erzählt: »Meine Eltern haben vor Türkeireisen immer gesagt: ›Wir fahren in die Heimat.‹ Ich habe gesagt: ›Wir fahren in die Türkei.‹ Meine Tochter sagt: ›Wir fahren in den Urlaub.‹« Großartig, wirklich. Aber das lässt das Problem mit den anderen nicht verschwinden, und Sie spüren doch, wie sich die Stimmung gewendet hat. Im Sommer 2015 waren es in der Wahrnehmung der Mehrheit alles bedauernswerte »Flüchtlinge«, die da kamen – was nicht stimmte. Heute heißen sie alle mitleidslos nur noch »Migranten« – was auch nicht stimmt.

A:

Blome, Sie haben meine Frage nicht beantwortet. Warum funktioniert es in dem einen Fall und in dem anderen nicht? Es gibt doch viele denkbare Gründe, ich nennen ihnen die zwei wahrscheinlichsten: Die Gesellschaft ist weniger durchlässig geworden, sie erschwert Integration anstatt sie zu ermöglichen, sie zu fördern. Und: Die Migranten, mit denen wir es zu tun haben, haben sich geändert, sie sind schwerer zu integrieren oder haben selber weniger Interesse daran. Aber selbst wenn das so ist – die Konsequenz muss doch sein, das zu ändern. Und nicht zu kapitulieren. Denn die Migration wird ja weitergehen. Daher verstehe ich wirklich nicht, in welche Richtung Ihre Kritik geht.

B:

Wir reden aneinander vorbei.

A:

Das tun wir immerhin stellvertretend für die gesamte Gesellschaft.

B:

Passen Sie auf: Es wird immer Zuwanderer geben, die es schaffen, und welche, die scheitern. Wir sollten aus eigenem Interesse dafür sorgen, dass es möglichst viel Erfolge gibt und möglichst wenig Scheitern. Ist doch klar. Das Problem ist nur:

Geglückte Zuwanderung, geglückte Integration impliziert, dass die Person sich erfolgreich einbringt und einpasst in das, was sie vorfindet. Die Person wird also zusehends weniger fremd. Die – warum auch immer – gescheiterten Zuwanderer oder Kinder von Zuwanderern bleiben hingegen fremd. Sie bleiben ein sichtbares Problem, das in Summe jedes Mal größer wird, wenn der nächste scheitert. Wenn eines Tages die Mehrheit aller Knastinsassen ausländisch ist, werden wir anders über Strafrecht, Bewährung und den Rechtsstaat reden als heute. Wenn eines Tages mehr als 50 Prozent aller Hartz-IV-Empfänger Ausländer sind, werden wir anders über den Sozialstaat reden. Vermutlich in einem Ton, den wir beide nicht wollen.

A:

Aber Blome, sehen Sie nicht, wie sonderbar Ihr Argument ist: Ich habe am Anfang dieses Gespräches den Witz mit dem Pass gemacht – aber das ist gar kein Witz. Sie unterscheiden in ihrer Argumentation zwischen Deutschen und Nichtdeutschen. Ich rede von Menschen, die hier leben. Für die wir zuständig sind, ganz gleich, welchen Pass sie haben oder welchen Hintergrund. Sie beschreiben ein Versagen der Politik: Sozialpolitik, Bildungspolitik, Wohnungspolitik, Sicherheitspolitik. Ja, da wird in der Tat viel versagt! Es liegt eben sehr viel im Argen in Deutschland, unter anderem weil der Staat sich so zurückgezogen hat. Spannend – und furchtbar – wird diese Beobachtung, wenn der Rückzug des Staates nun mit rassistischen Gründen gleichsam gerechtfertigt wird. Das wäre dann wirklich die hässliche Fratze des Neoliberalismus.

B:

Jetzt ist der Neoliberalismus auch noch am Rassismus schuld, o Mann. Sie wissen genau, dass alle Ausländerproblematik in

Deutschland zum einen mit der jahrzehntelangen Weigerung von CDU und CSU zu tun hat, Deutschland als Einwanderungsland zu begreifen. Aber mindestens ebenso viel hat die Misere zu tun mit rot-grünem Multikulti-Gedusel. Deutschland hätte eine »Agenda 2010« auch für Integration gebraucht, wir haben Migranten zu wenig gefördert und zu wenig gefordert. Jetzt haben wir den Salat. Unter den Türkischstämmigen besinnen sich viele der Jüngeren auf die Heimat ihrer Eltern oder Großeltern, die schauen türkisches Fernsehen und wählen Erdoğan. In Berlin spricht in 43 Prozent der Grundschulen die Mehrheit der Kinder zu Hause kaum Deutsch, in Bremen sind es 41 Prozent der Schulen, in Hessen, NRW und Bayern nur elf bis knapp 20 Prozent. Warum das brisant ist, sagt Ihnen der Berliner Bevölkerungsforscher Reiner Klingholz: »Nach wie vor vererben viele der Migranten ihren geringen Bildungsstand an ihre Kinder.«

A:

Diese Integrationsdebatten nach altem Links-rechts-Schema nerven in der Tat unheimlich. Die einen liegen den Migranten in den Ohren: Du musst dich integrieren! Die anderen den Deutschen: Ihr müsst eure Arme weiter öffnen! Aber Migration ist kein Kindergarten, wo man sich gegenseitig die Schippen wegnimmt. Beide Seiten haben recht. Fordern und Fördern, wie Sie selber sagen. Darum ist die jahrzehntelange Weigerung der Union, die Realität anzuerkennen, genauso verantwortungslos gewesen wie die Naivität mancher Linker. Aber Sie machen jetzt weiter mit der Verweigerung der Realität: Das beste Mittel, Ausländerkriminalität zu bekämpfen, besteht darin, den Leuten deutsche Pässe zu geben – und sich dann um ihre soziale Lage zu kümmern.

B:

In Wahrheit sagen Sie doch: Es macht keinen Unterschied, ob wir null Prozent Ausländer unter den Hartz-IV-Empfängern haben oder 100 Prozent. Moralisch haben Sie recht, es sind alles Menschen. Aber politisch macht es einen Unterschied. Politisch belastet es die Gesellschaft, wenn es ausgerechnet die Menschen ohne deutschen Pass sind, die in Deutschland zur Problemgruppe werden. Auf Dauer werden die oben dafür nicht bezahlen wollen – und die unten es nicht tolerieren.

A:

Und wenn es so wäre: Wollen Sie die alle rauswerfen?

B:

Nein. »Ausländer raus!«, das brüllen nur die Rechtsradikalen. Aber es muss sich etwas bei Zuwanderung und Integration ändern, am Asyl- und Einwanderungs- und Abschieberecht, das geht so nicht weiter, wie inzwischen auch Angela Merkel erfahren musste, denn auf diesem Feld wuchs der Unmut gegen sie. Es gibt Staaten mit sehr hartem Einwanderungsrecht, die zugleich große Erfolge bei der Integration verzeichnen. Zum Beispiel Australien. Oder Kanada.

A:

»Geht so nicht weiter« klingt so, als hätten wir das vollständig unter Kontrolle. Das ist aber erkennbar nicht der Fall, obwohl viele Leute sich das so vorstellen und das erwarten. Da gibt es also eine Kluft zwischen Sein und Sollen. Was fangen Sie damit an? Ich meine das nicht polemisch, sondern im Ernst. Was sind Sie bereit zu tun, um wirklich die Kontrolle darüber zu erhalten, wer ins Land kommt und wer nicht. Denn es gibt Grenzkontrollen, es gibt Frontex, es gibt das Abkommen mit der Türkei, es gibt die Mittelmeerstaaten, die den größten Teil der Menschen auffangen, die aus Nordafrika kommen. Dennoch gelangen Menschen gleichsam unkontrolliert zu uns. Es sind nicht viele, es werden weniger, aber immerhin. Also, was wollen Sie tun? Einen Zaun bauen wie Donald Trump?

B:

Inklusive Schießbefehl, wie eine AfD-Trulla das mal gefordert hat? Das könnte Ihnen so passen, auf diese Art alle zu Menschenfeinden zu stempeln, die Zuwanderung steuern oder gegebenenfalls verringern möchten. Zwischen der Türkei und Europa brauchte man keinen Zaun, wie auch, da hat ein intelligentes Abkommen gereicht, Flucht und Zuwanderung zu ordnen. Hierzulande wiederum müssen wir uns endlich darauf einigen, dass Deutschland sich die Zuwanderer aussucht und nicht die Zuwanderer Deutschland. Bevor sich düstere Mehrheiten finden, es ganz zu schleifen, müssen wir das Asylrecht fokussieren: als Schutzgarantie für politisch Verfolgte. Derzeit ist Asyl Passepartout für alle Gruppen von Zuwanderern, ganz gleich, was ihre Ziele und Gründe sind. Diese armen Teufel klumpen sich dann am unteren Ende der Gesellschaft und ziehen die wachsende Wut aller anderen auf sich, weil sie in Summe Probleme nach Deutschland gebracht haben, die zu lösen nicht unsere Sache ist.

A:

Bei allem Respekt, mich ärgert die Art und Weise, wie Sie diese Debatte führen: »Deutschland soll sich die Zuwanderer aussuchen, nicht die Zuwanderer Deutschland.« Sie gaukeln sich und ihrem Publikum ein Maß an Souveränität vor, über das wir nicht verfügen. Jedenfalls nicht zu moralischen Kosten, die wir zu tragen bereit sind. Der Einzige, der eine konsequente

Migrationspolitik hat, ist Herr Gauland von der AfD: niemanden reinlassen, notfalls schießen. So kann man das machen – wenn man ein gewissenloser Hund ist. Dann wäre dieses Land, diese Kultur aber nichts mehr, was sich zu schützen und zu bewahren lohnen würde. Wir leben in einer Realität, die wir selber geprägt haben. Wir exportieren Lebensmittel nach Afrika, die wir mit europäischen Steuergeldern subventioniert haben und drängen damit lokale Produzenten aus dem Markt. Wir schicken unsere Fangflotten vor die afrikanische Küste und nehmen dort den Einheimischen ihre Fische weg. Wir verarbeiten in unserer Industrie Rohstoffe, die unter für den Menschen und die Umwelt verbrecherischen Umständen gewonnen werden. Und von den Kriegen, die der Westen im Nahen Osten angezettelt hat, rede ich gar nicht erst. Also – wir nähren den sogenannten Flüchtlingsstrom nach Kräften, und dann kommen Sie und reden von »Deutschland sucht sich seine Zuwanderer aus«?

B:

Sie meinen, weil ich ein Handy besitze und meine Kinder Fischstäbchen von Käpt'n Iglo gegessen haben, muss Deutschland immerfort Armutsflüchtlinge aus Afrika aufnehmen?

A:

Das ist einfach zu zynisch, Blome, selbst für Ihre Verhältnisse.

B:

Zynisch, lieber Augstein, ist nur einer hier: Sie. Sie listen die komplexesten Mega-Probleme der Welt auf, für die Europa zu gewissen Teilen verantwortlich sein mag und gewiss mehr für die Lösung tun könnte – aber ganz bestimmt nicht allein und mit sofortigem Erfolg. Trotzdem sagen Sie: Solange Europa diese

Probleme nicht gelöst hat, kann und darf Europa Zuwanderung aus Afrika nicht begrenzen. Aber was, wenn Sie in Ihrer schönen Welt ab und zu mal vor die Wähler treten müssten? Die werden Ihnen was husten. Oder, um Joachim Gauck zu zitieren: »Unser Herz ist weit. Aber unsere Möglichkeiten sind endlich.«

A:

Blome, dieses Gauck-Zitat ist doch einer dieser vollkommen sinnlosen Sätze – wie »Der Islam gehört zu Deutschland« oder »Wir können nicht jeden aufnehmen«. Das ist alles so doof, da stimmt nicht mal das Gegenteil. Wir werden damit in die Falle gelockt, da gehe ich nicht mit. Die Realität der Einwanderung ist viel differenzierter, als Sie es sich vorstellen. Niemand hatte erwartet, dass ein Viertel der Flüchtlinge, die nach 2015 gekommen sind, schon nach drei Jahren in Lohn und Brot sind. Sie können sagen: Da fehlen noch drei Viertel. Ich sage: Es ist überraschend, wie schnell manchmal Integration ablaufen kann, und dass Arbeit Integration bedeutet, das werden Sie mir zugeben. Also: Natürlich brauchen wir ein Einwanderungsgesetz, das die CDU lange Jahre verhindert hat. Natürlich sollen wir uns die Einwanderer aussuchen können. Aber Sie wissen auch, dass Deutschland bei den Hochqualifizierten keinen guten Ruf hat, die gehen lieber nach Kanada oder in die USA, weil sie da besser aufgenommen werden. Das Kuriose ist ja: Während wir dauernd darüber nachdenken, wie wir Migranten abwehren, müssten wir in Wahrheit dringend daran arbeiten, für Migranten attraktiver zu werden.

B:

Augstein, jetzt haben Sie es zerquatscht. Ich sage: Der Sozialstaat in Deutschland wird wackeln, wenn die Einheimischen das Gefühl bekommen, er ist vor allem für Ausländer da, die aus Zufall im Land sind oder aus eigenem Versagen weniger Arbeit haben als ihre Eltern. Und Sie antworten mit Anwerbeprogrammen für bestimmte Berufsgruppen? Zu Ihrer großen Freude zitiere ich noch einmal Joachim Gauck aus einer Vorlesung, die er gehalten hat. »Die Erfahrung zeigt nämlich, dass Vertrauen und Kooperation in einer Gesellschaft abnehmen, in der die Verschiedenheit aufgrund von Zuwanderung wächst. Die Erfahrung zeigt aber auch, dass Vertrauen und Kooperation in Ländern mit großzügigen Sozialleistungen von besonderer Bedeutung sind.«

A:

Lieber Blome, warum sagen Sie nicht gleich, wir sind nicht das Weltsozialamt? Weil das von der AfD sein könnte?

2. »GESUNDHEIT DARF DOCH NICHT EINE FRAGE DES PASSES SEIN!«

Gespräch mit Carolin Ochs, Sozialarbeiterin in einer Praxis für Menschen ohne Krankenversicherung

Blome:

Seien Sie mir nicht böse, Frau Ochs, aber besteht Ihr Job darin, den deutschen Sozialstaat zu leimen?

Carolin Ochs:

Nein, wie kommen Sie denn darauf?

Augstein:

Was soll das, Blome?

B:

Frau Ochs ist in einer karitativen Praxis für Menschen ohne Krankenversicherung und Papiere tätig und berät …

A:

Frau Ochs, wollen Sie das nicht lieber selbst erklären?

Ochs:

Ja, das ist bestimmt besser. Ich arbeite in einer Praxis für Menschen ohne Krankenversicherung, die zu uns kommen, wenn sie krank sind. Ich erkläre den Menschen, welche Rechte sie in ihrer individuellen Situation haben. Das heißt, wir klären ab, ob sie vielleicht Ansprüche auf Leistungen nach den Sozialgesetzbüchern oder dem Asylbewerberleistungsgesetz haben. Oder aber, ob sie sich ganz regulär als Selbstzahler in einer Krankenversicherung anmelden können. Wie Sie sehen, leimen wir also nicht den Sozialstaat, sondern versuchen, geltendes Recht umzusetzen.

A:

Sehen Sie Blome, es geht alles mit rechten Dingen zu …

B:

… dazu kommen wir noch. Eine Lernfrage vorneweg, Frau Ochs. Kann man in Deutschland wirklich komplett ohne gesetzliche Krankenversicherung dastehen?

Ochs:

Ja, da kann passieren. Viele Menschen dürfen visumsfrei einreisen und müssen niemandem eine Krankenversicherung zeigen. Für Personen mit geregeltem Aufenthalt und für Deutsche heißt es hier: Jein. Wenn Sie zum Beispiel selbstständig waren, aber Ihre Beiträge nicht mehr bezahlen können, fallen Sie in den sogenannten Notlagentarif. Sie häufen dann Schulden an. Die Versicherung muss aber trotzdem für Notfallbehandlungen zahlen, egal ob private oder gesetzliche. Aus der privaten kommt man allerdings nicht mehr in die gesetzliche Versicherung, außer vielleicht durch einen Arbeitnehmerstatus. Und wenn Sie älter als 55 Jahre sind eigentlich gar nicht mehr. Es gibt also viele Menschen ohne Versicherung oder mit eingeschränkter Versicherung.

A:

Das kann doch nicht sein.

Ochs:

Rein rechtlich sind wir alle dazu verpflichtet, in einer Versicherung zu sein.

A:

Warum haben viele Menschen dann keine Versicherung? Das verstehe ich nicht, was ist da schiefgelaufen? Oder reden wir jetzt überwiegend von Nichtdeutschen, die illegal im Land sind und deshalb keine Versicherung haben?

Ochs:

Viele wissen nicht, dass sie in Notfällen doch noch abgesichert sind. Sie denken, sie seien nicht mehr versichert, weil sie ihre Beiträge nicht gezahlt haben. Ich rate aber, sich schnellstmöglich mit der Versicherung in Kontakt zu setzen. Die Gesetzliche stuft einen sonst in den Höchtbeitrag ein. Zu den Migrantinnen: Illegal möchte ich nicht sagen, es gibt ja keine illegalen Menschen. Treffender ist »Menschen ohne Papiere« oder »undokumentierte Migranten«. Neben den EU-Bürgern ist das die größte Gruppe unserer Patienten.

B:

Deren Problem ist also, dass sie illegal im Land sind.

Ochs:

Nein, deren Problem ist vor allem, dass sie meistens schwer krank sind, wenn sie zu uns kommen, und dringend einen Arzt brauchen.

A:

Lieber Blome, das geschieht Ihnen recht …

Ochs:

Diese Menschen hätten theoretisch Ansprüche nach dem Asylbewerberleistungsgesetz. Mit Blick auf eine Krankenversicherung würde das fast immer heißen: Sie haben Anspruch auf Behandlung bei akuten Schmerzen. Sie nehmen ihre Rechte aber oft nicht in Anspruch, weil sie sich dafür bei der Ausländerbehörde melden müssten.

A:

Und dann das Land verlassen müssten?

Ochs:

Ja. Darum gilt für meine Arbeit auch Schweigepflicht. Ich muss die Patienten nicht der Ausländerbehörde melden. Genauso wenig wie alle anderen Menschen, die in Arztpraxen oder Krankenhäusern arbeiten. Nur Behördenmitarbeiter sind verpflichtet, Menschen ohne Aufenthaltstitel zu melden. Sonst niemand.

A:

Vertrauen Ihnen die Menschen von Anfang an?

Ochs:

Nicht unbedingt, viele geben einen falschen Namen an. Das ist mir aber egal, die Menschen müssen ja behandelt werden. Und ich helfe dann, wie es zum Beispiel nach der akuten Behandlung weitergehen soll oder wenn eine Operation fällig ist. Die muss ja jemand bezahlen, und der Staat lässt da leider eine Lücke.

B:

Naja, der Staat lässt keine Lücke, finde ich. Es handelt sich um Menschen, die gar nicht hier sein sollten. Ich verstehe und achte Ihr Engagement. Aber das meinte ich eingangs mit dem Satz: Sie helfen dabei, den Sozialstaat zu leimen.

Ochs:

Nein. Das sehe ich komplett anders …

A:

… ich auch, lieber Blome.

Ochs:

Damit das klar ist: Wir brechen kein Recht, das ist mir noch nie vorgeworfen worden. Ich finde vielmehr, es muss sogenannte *firewalls* geben, Schutzzonen. Der kompromisslose Zugang zu Gesundheitsversorgung sollte eine solche Schutzzone sein, das ist mir ganz wichtig. Es kann nicht sein, dass man Angst haben muss, abgeschoben zu werden, wenn man krebskrank ist oder Diabetes hat. Chronisch Kranke können in Deutschland abgeschoben werden, das ist schlimm. Die meisten Menschen in der aufenthaltsrechtlichen Illegalität würden sich gerne regulär in einer Versicherung anmelden und diese selbst zahlen. Sie dürfen es nur nicht.

A:

Finden Sie, es geht gerecht in Deutschland zu?

Ochs:

In meinem Bereich? Nein. Noch einmal: Die Weltgesundheitsorganisation, der UN-Sozialpakt – von Deutschland 1973 ratifiziert – und eigentlich auch unsere Verfassung sagen, dass jeder Mensch ein Recht auf Gesundheit und Gesundheitsversorgung hat. Kompromisse und Repressionen in diesem Zusammenhang sind ungerecht. Wer krank wird, sollte ohne Angst vor Abschiebung behandelt werden.

A:

Was Blome sagen will, ist: Die Person darf nicht hier sein. Damit beginnt das Problem des mangelnden Zugangs zu Gesundheitsversorgung. Wäre die Person in ihrem Heimatland, hätte sie das Problem nicht.

B:

Oder würde sie sich hier beim Amt melden, bekäme sie auch eine gute Versorgung. Sie müsste danach aber das Land verlassen, weil sich der deutsche Staat vorbehält zu sagen, wer in Deutschland sein darf und wer nicht.

Ochs:

Mir ist klar, dass alle Menschen auf der Welt gleich gut zu versorgen unmöglich ist. Aber ich finde es nicht gerecht, dass das alles davon abhängt, welchen Pass man gerade hat, verstehen Sie? Nehmen Sie Rumänen, Bulgaren oder auch Polen. Bis vor wenigen Jahren durften auch sie offiziell nur drei Monate als Touristen bleiben. Dann kamen die Länder in die EU, und auf einmal durften die Menschen legal hier sein, weil Freizügigkeit galt. Die haben jetzt allerdings andere Probleme, weil sie nicht krankenversichert sind, wenn sie hier nicht arbeiten oder lang genug gearbeitet haben.

Viele Serben oder Bosnier sind gerade irregulär hier, und das kann sich sofort ändern, wenn deren Länder in die EU eintreten.

Und nur weil sie in ihrem Heimatland regulär sein dürfen,

heißt das außerdem noch nicht, dass sie dort eine adäquate medizinische Versorgung bekommen können.

B:

Würden Sie dann den Satz des ehemaligen Bundespräsidenten Joachim Gauck unterschreiben, sinngemäß zitiert: »Unser Herz ist groß, aber unsere Möglichkeiten sind begrenzt«?

Ochs:

Die Möglichkeiten sind sicher begrenzt. Aber ist unser Herz so groß? Nein, diesen Satz würde ich nicht unterschreiben.

A:

Der Satz ist genauso heuchlerisch wie der ganze Mann.

B:

Können Sie Ihre Gauck-Phobie für einen Moment unter Kontrolle bringen, lieber Augstein, bitte? Ich finde sehr wohl, dass ein Land, das mehr als 1,5 Millionen Flüchtlinge aufnimmt, ein großes Herz zeigt. In Frankreich wurden viel, viel weniger aufgenommen.

Ochs:

Ich stimme Ihnen zu: Es durften viele Menschen hineinkommen. Aber wie werden sie behandelt? Ich verstehe, dass es organisatorische Schwierigkeiten gibt, wenn viele Menschen auf einmal verwaltet werden müssen. Aber viele Menschen wollen gar keine Sozialleistungen. Sie sind gut vernetzt und würden gerne arbeiten, dürfen das aber nicht. Stattdessen werden sie gezwungen, in Massenunterkünften zu warten. In dieser Zeit dürfen sie noch keinen Deutschkurs besuchen.

B:

Aber das wären doch alles nur Argumente, die Verfahren zu beschleunigen. Und nicht Anreize für das Bleiben trotz möglicher Ablehnung zu schaffen.

Ochs:

Ja, Gesetzesentwürfe werden formuliert mit der Begründung, Anreize zu vermindern. Das heißt, man macht es den Menschen so schwer wie möglich. Das hindert natürlich die Integration und zeichnet ein Feindbild vom »faulen Ausländer in der sozialen Hängematte«.

Das zeigt nicht gerade ein großes Herz. Dasselbe gilt für die Bundeskanzlerin. Da waren am Anfang große Worte und Taten, aber dann kamen nur noch Restriktionen. Das führt natürlich auch zu Frust in der Aufnahmegesellschaft und hat übrigens auch zum Unmut zwischen den verschiedenen Gruppen beigetragen.

A:

Nehmen Sie denn Konkurrenz zwischen bestimmten Gruppen Ihrer »Kundschaft« wahr, etwa zwischen Deutschen und Ausländern?

Ochs:

Eher zwischen EU-Bürgern und Flüchtlingen. EU-Bürger haben inzwischen oft noch keinen Anspruch auf unterstützende Sozialleistungen in Deutschland, weil 2016 das Gesetz verschärft wurde. Die sagen: Die Flüchtlinge kriegen alles. Oder die Afghanen sagen: Die Syrer bekommen alles, nur weil sie einen syrischen Pass haben. Bei uns in der Praxis macht die Nationalität natürlich keinen Unterschied, aber beim Zugang zum regulären System gibt es diese Unterschiede. Das macht viele wütend.

A:

Das klingt anstrengend. Wie sind Sie zur Sozialarbeit gekommen?

Ochs:

Ich bin 29 Jahre alt und komme aus einem Arbeiterhaushalt, einfache Verhältnisse, meine Eltern waren früher in der SPD und so. Meine Schwester und ich sind die Ersten in unserer Familie, die studiert haben. Bei einem Seminar in meinem Sozialarbeitsstudium kamen wir darauf, dass es auch in Deutschland Menschenrechtsverletzungen gibt. Das fand ich erschreckend, und es hat mich motiviert, zumindest auf lokaler Ebene etwas dagegen zu tun. Ich bin jetzt seit drei Jahren in meinem Beruf. Vollzeit, 39 Stunden die Woche in der Praxis, von der ich sprach.

B:

In Deutschland werden die Menschenrechte verletzt? Wow.

A:

Ja, Blome, kein Wunder, dass Sie sich das gar nicht vorstellen können – aus Ihrer und meiner privilegierten Sicht kommt das überraschend, oder?

Ochs:

Vielleicht kann ich das noch etwas erläutern?

B:

Ich bin gespannt.

Ochs:

Jeder Mensch hat laut UN-Sozialpakt und WHO das Recht auf bestmögliche Gesundheitsversorgung. Alle fünf Jahre muss Deutschland zur Umsetzung des UN-Sozialpakts einen Bericht schreiben. Der letzte wurde 2017 geschrieben. Jedes Jahr gibt es einen Parallelbericht von mehreren zivilgesellschaftlichen Gruppen und Einzelpersonen, der den Bericht der Bundesregierung kritisiert. Der Vorwurf besteht darin, dass eben nicht jeder Mensch in Deutschland einen ungehinderten Zugang zum Gesundheitssystem hat, obwohl das Land über die Mittel verfügen würde, das zu gewähren.

A:

Macht Ihnen die Arbeit Spaß? Es sind sehr schwierige Verhältnisse, mit denen Sie da andauernd konfrontiert sind. Ist das nicht sehr belastend?

Ochs:

Es gibt belastende Situationen. Schwer ist es, wenn Frauen zu mir kommen, die Opfer sexueller Gewalt geworden sind. Oder wenn Menschen kommen, die in den Händen von Menschenhändlern sind und wie Sklaven arbeiten müssen. In Bordellen, in Restaurants, auf dem Bau. So etwas gibt es auch bei uns. Diese Leute kennen meistens ihre Rechte nicht, der ganze Behördenkram ist ja auch unnötig kompliziert und kaum zu verstehen. Sie zahlen dann beispielsweise an irgendwelche Betrüger viel Geld für völlig nutzlose Papiere, weil sie es eben nicht besser wissen.

B:

Nehmen Sie solche Tragödien nach Dienstschluss mit nach Hause?

Ochs:

Ich bin kein Roboter, und manche Dinge sind durchaus frustrierend. Aber in der Regel kann ich damit ganz gut umgehen. Außerdem gibt es Supervision, um darüber zu sprechen. Man ist also nicht allein damit. Und wissen Sie, als Sozialarbeiter suchen Sie nach der praktischen Lösung, Sie sind pragmatisch. Sie fragen nicht, o Gott, wie konnte es nur so weit kommen? Sie fragen, wie ist der rechtliche Rahmen und was sind die ersten Schritte? Letztens war eine Frau bei mir, frisch in Berlin angekommen mit zwei Kindern. Der Mann sollte sie am Busbahnhof abholen, war aber nicht aufgetaucht. Die hätte auf der Straße übernachten müssen. Also ruft man als Erstes die Notunterkünfte an, wo Frauen mit Kindern aufgenommen werden. Dann das berufliche Netzwerk und am Ende manchmal private Bekannte.

B:

Und wenn nichts funktioniert?

Ochs:

Ich habe auch schon Menschen auf die Straße entlassen müssen. Ich hatte jüngst auch einen suchtkranken Drittstaatler …

B:

… einen was?

Ochs:

… einen heroinabhängigen Nicht-EU-Bürger, der entziehen wollte, aber keine Kasse hatte, die zahlt. Also haben wir die Krankenhäuser abtelefoniert, wie viel sie von den Kosten erlassen könnten. Die Person hat parallel versucht, sich Geld zu leihen. Und dann haben wir das organisiert.

A:

Sagen Ihre Kunden »Danke«, wenn Sie Ihr Büro verlassen?

Ochs:

In der Regel schon. Manche kommen nach Jahren vorbei und sagen, wie sie es geschafft haben, dauerhaft bleiben zu dürfen. Ihr Happy End quasi. Es ist eine große Erleichterung für die Menschen, endlich ihre Rechte zu verstehen.

A:

Wollen Sie die Arbeit noch lange machen?

Ochs:

Ja. Ich werde das noch lange machen. Und die Arbeit wird noch lange nötig sein. Das deutsche Gesundheitssystem ist nur gut, wenn man drin ist. Und es ist leider so kompliziert, dass man oftmals einen Sozialarbeiter braucht, um herauszufinden, ob man rein darf.

3. MIGRATION OHNE MORAL?

Blome:

Dürfen die in einem Rettungsboot aufhören zu retten, wenn es voll ist – und andere sehenden Auges ertrinken lassen? Das war so, als die Titanic sank. Lockt ein Rettungsschiff mehr flüchtende Menschen an, als es retten kann, und ist folglich schuld an deren Tod? Das ist heute so, auf dem Mittelmeer.

Das moralische Dilemma ist so alt wie die Moral. Aber es geht mit der Zeit.

Wenn ein Arbeit suchender Analphabet aus Georgien oder Nigeria es schafft, in Deutschland Asyl zu beantragen, verfolgt er seinen Traum vom Glück. Er hat alles richtig gemacht, aber trotzdem nicht das Recht, sich den Platz auf der Welt auszusuchen, an dem er leben will. Zumindest haben andere das Recht, ihm dieses Recht zu verwehren. Und nun?

Es gibt eine moralische Pflicht, Not leidenden Menschen zu helfen. Aber es gibt keine moralische Pflicht, allen in Not zu helfen oder andere darüber bestimmen zu lassen, wie vielen zu helfen ist. Wie man es dreht und wendet, das ist der Widerspruch zwischen Migration und Moral: Zuwanderungspolitik soll europäischen Moralstandards genügen, aber demokratische Wohlstandsgesellschaften nicht überfordern. Man kann über die Definition von »Standards« und von »Überforderung« politisch streiten und Mehrheiten entscheiden lassen. Aber der Widerspruch bleibt, und es gibt nur einen Weg.

Man muss den Widerspruch aushalten. Wer es nicht tut, geht in die Irre.

▼

Augstein:

Im Sommer verbringen wir unsere Ferien am Meer. Andere verlieren dort ihr Leben. Sie stechen in See und kommen darin um. Das wissen wir. Kümmert es uns? Tun wir genug? Was ist genug?

Es gibt inzwischen Menschen die halten schon solche Fragen für eine Zumutung. Zu viel Moral, sagen sie dann. Dafür gibt es sogar ein tolles Fachwort: »Hypermoral«. In der ZEIT warf eine Journalistin den Leuten, die im Mittelmeer Leben retten, deren moralische Motive mit den Worten vor: »Ihr Verständnis von Menschenrechten ist absolut kompromisslos.«

Man hätte bis dahin nicht gedacht, dass eine solche Zeitung bereit sein könnte, Kompromisse bei den Menschenrechten zu machen. Aber die Migration hat alles verändert. Die Maßstäbe sind ins Rutschen gekommen.

Die Migration ist keine einfache Sache. Wo sollen die Flüchtlinge hin? Wer zahlt für sie? Wie viele werden noch kommen? Was können wir tun, die Wanderung zu steuern oder zu unterbinden? Welche Pflicht haben wir, die Fluchtursachen zu bekämpfen? Welche Verantwortung tragen wir?

Die Unterscheidung zwischen Flüchtlingen und Wirtschaftsmigranten durchzieht unsere ganze Migrationsdebatte. Aber in Wahrheit ist diese Unterscheidung verlogen und hohl. Der eine soll mehr Schutz verdienen, da er sein Leben retten will. Der andere weniger, da er es verbessern will. Aber es geht bei

▼ dieser »Verbesserung der Lebensumstände« nicht darum,

Ihn nicht auszuhalten, heißt nämlich, entweder sich von aller Moral der Offenheit und des Helfens loszusagen, um Zuwanderung auf Null zu reduzieren. Viktor Orbán macht das so. Oder es heißt, Zuwanderung ohne weitere Beschränkung zuzulassen, solange die objektive Not eines jeden, der kommen will, größer ist als die Not derer, die schon da sind.

Beides ist falsch.

Ultra posse nemo obligatur. Niemand ist verpflichtet, mehr zu tun, als er kann. Auch das ist ein moralischer Grundsatz, denn er bindet Moral an das Machbare und macht sie dadurch erst wirksam. Genau darum sollte es in der Zuwanderungspolitik bitte gehen: um das Wirksame und das Menschenmögliche. Die Moral geht daran nicht zu Grunde.

eine 3-Zimmer-Wohnung gegen ein Reihenhaus zu tauschen. In Nigeria liegt die Lebenserwartung bei 53 Jahren – in Frankreich bei 82 Jahren. Wer aus Nigeria flieht, rennt buchstäblich um sein Leben.

Das Mittelmeer heißt auf Lateinisch *mare nostrum*, unser Meer. Wir sind nicht für jedes Leid der Welt zuständig. Für das Leid in unserem Meer sind wir zuständig. Wenn wir den Tod im Mittelmeer verhindern können, müssen wir ihn verhindern. Wer das für moralischen Totalitarismus hält, hat aus Auschwitz nichts gelernt.

Auschwitz? Darf das Wort in diesem Zusammenhang genannt werden? Ja, unbedingt. Auschwitz ist unsere Verpflichtung, sich jeder Politik entgegenzustellen, die Menschen als Masse behandelt und nicht als Individuen. Mirjam Zadoff – die als Direktorin des NS-Dokumentationszentrums in München keinen Zweifel an der Einzigartigkeit der deutschen Verbrechen lässt – hat gesagt: »… ich bin sicher, dass der Blick zurück eines lehrt: Wenn wir Flüchtlinge nicht mehr als Menschen betrachten, sondern nur mehr als Bedrohung, zahlen wir einen hohen Preis und büßen unsere Menschlichkeit ein.«

Aber wir sind inzwischen so weit, dass Amoralität als Realismus durchgeht. Es fällt auf, dass vor allem jene den falschen Gebrauch der Moral beklagen, die einer unmoralischen Politik das Wort reden. Wer Liebe, Hilfsbereitschaft und Friedlichkeit gegen Autorität, Interesse und Sachzwang einwechseln will, beweist, in welchem Umfang die Migrationskrise zur Krise unserer Moral geworden ist.

4. »ES WIRD VIELLEICHT EIN GRÖSSERER UND HÄRTERER UMBRUCH.«

Gespräch mit Bundestagspräsident Wolfgang Schäuble

Augstein:

Herr Schäuble, ein roter Faden in unserem Buch ist die Frage, was die Menschen mehr beunruhigt und vielleicht auch bedroht: Migration oder Globalisierung? Was meinen Sie?

Wolfgang Schäuble:

Das sind doch keine zwei verschiedenen Dinge.

A:

Sage ich auch, aber Blome sieht das anders.

Blome:

Doch, aus Sicht vieler Deutscher sind es zwei verschiedene Dinge. Viele Menschen haben nichts gegen internationalen Wettbewerb und ökonomischen Anpassungsdruck, aber eine ganze Menge gegen eine aus ihrer Sicht zu große Zahl von Zuwanderern.

Schäuble:

»Die Zuwanderung ist unser Rendezvous mit der Globalisierung.« Ich finde den Satz immer noch schön, mit Verlaub, er ist ja auch von mir. In der Migration wird die Globalisierung nämlich besonders konkret für die Menschen. Darum ist zu unterstreichen, was Joachim Gauck gesagt hat: Unser Herz ist weit, aber unsere Möglichkeiten sind begrenzt.

A:

Lieber Herr Schäuble, seien Sie ehrlich. Unsere Möglichkeiten sind inzwischen viel größer als unser Herz.

Schäuble:

Tja, finden Sie? Mag sein. Aber wie groß Ihr Herz auch ist – es zählt, was konkret ist, was Sie praktisch umgesetzt bekommen. Es kommt einzig und allein darauf an, was man wirklich macht. *It's implementation, stupid,* würde man in Amerika sagen. Aber das ist leider die neue deutsche Schwäche: Umsetzung. Wir sind perfektionistisch und schwerfällig.

B:

Noch einmal: Es gibt vermutlich viele in Deutschland, die sich fragen, müssen wir Zuwanderer aufnehmen, weil wir offene Grenzen für Waren haben?

A:

Fremde Waren ja, fremde Menschen nein. Wie die Ungarn oder die Briten.

Schäuble:

Die Briten sehen ja gerade, was sie davon haben. Wer Globalisierung allein als freie Warenströme sieht, der liegt falsch. Es geht um mehr: Weil zum Beispiel die Informationen überall verfügbar sind, weiß heute jeder in der Welt, wie gut es uns in Europa geht. Die weltweiten Ungleichheiten werden sichtbarer, das ist auch Globalisierung. Und so machen sich die einen auf den Weg, und die anderen bekommen es mit der Angst zu tun. Das war übrigens nicht anders, als die Mauer fiel. Oskar Lafontaine hat im November 1989 gefordert, dass Ostdeutsche nicht mehr ungebremst in den Westen kommen und bleiben dürfen, Stopp des Aufnahmeverfahrens. Ich möchte nicht wissen, wie viele das bei uns heimlich gut fanden, selbst in der CDU. Und ich sage Ihnen, wenn es damals nicht immer noch die eine deutsche Staatsangehörigkeit gegeben hätte, wäre es auch so gekommen.

A:

Natürlich hatten die Menschen immer schon Sorge vor dem Fremden und Veränderung. Aber warum nimmt die Ausländerfeindlichkeit derzeit so rasant zu?

Schäuble:

Tut sie das? Die Deutschen sind in ihrer ganz breiten Masse definitiv nicht ausländerfeindlich, und daran ändert sich auch nichts. Ich habe schon im Wahlkampf 2013 in jeder Kleinstadt in Baden-Württemberg den Bürgermeister gefragt: Wie viele Nationalitäten leben hier? Ergebnis: immer zwischen 60 und 100. Und kein Problem.

B:

Und in diesen Kleinstädten ist Migration heute kein Problem? Wirklich? Die Gesellschaft ist doch tief gespalten, vielleicht nicht 50 zu 50 aber zwei Drittel, ein Drittel.

Schäuble:

Vorsicht. Einen Großteil der Bürger, viel mehr als zwei Drittel, kann man von Migration und Integration überzeugen. Entscheidend ist, ob die Politik vermittelt, die Sache im Griff zu haben. Die Leute müssen das Gefühl haben, dass es eine weitgehende Kontrolle darüber gibt, wer und wie viele kommen, und dass wir bei der Integration besser werden.

A:

Das Spannende ist doch: Die Politik hat diese Kontrolle inzwischen weitgehend zurückgewonnen, die Zuwanderer-Zahlen sinken und für Integration wird auch sichtbar mehr getan. Aber die Stimmung der Migrations-Skeptiker bessert sich nicht.

Schäuble:

Weil es die Leute noch nicht glauben. Damit sind wir wieder bei den begrenzten Möglichkeiten. Ich zitiere gern, Blome kennt das schon, Nathan den Weisen: »Begreifst du aber, wie viel andächtig schwärmen leichter als gut handeln ist?« Wer regiert, muss handeln und sich gegen die Schwärmer wehren.

B:

Wird es auch dann kein Problem geben, wenn eines Tages die Hälfte aller Hartz-IV-Bezieher Ausländer sind? So irrsinnig weit davon entfernt sind wir gar nicht mehr.

Schäuble:

Das glaube ich nicht.

A:

Sehen Sie, Blome …

Schäuble:

Haben Sie sich darüber auch gestritten? Die Steuerpflicht in Deutschland richtet sich doch auch nicht nach dem Pass. Die

Frage dahinter lautet, ob und wann wir Menschen, die noch kein festes Aufenthaltsrecht haben, den Zugang zum Arbeitsmarkt gewähren, damit sie eben nicht in Hartz IV hängen bleiben. Oder ob wir sie alle abschieben, obwohl sie schon fünf Jahre da und gut integriert sind. Mit Rechtsprinzipien allein ist die Welt nicht zu retten. Ein bisschen praktische Vernunft gehört auch dazu.

A:

Sie sagten eben »Kontrolle«. Ich glaube auch, dass es darum geht, aber anders: Es ist die Globalisierung, die den Leuten die Kontrolle über ihr eigenes Leben raubt, nicht nur im Arbeitsleben …

Schäuble:

… sondern auch in ihrem Alltag? Was empfindet eine 70-jährige Deutsche, wenn auf einmal auf dem Marktplatz eine große Zahl von Frauen verschleiert ist? Oder wenn in einer Kleinstadt eine größere Gruppe von Menschen aus Schwarzafrika lebt? Ich sage: Daran muss sich eine Gesellschaft gewöhnen.

B:

Aber wenn sie sich nicht gewöhnen will? Welche Rolle wird die AfD auf diesem Weg spielen?

Schäuble:

Die AfD wird in absehbarer Zeit überflüssig sein, wenn sich die anderen Parteien um die Fragen von Kontrolle und Integration besser kümmern. Solange das nicht ausreichend der Fall ist, geht der Siegeszug der AfD weiter, und in unserem parlamentarischen System kommt es zu Ermüdungsbrüchen. Aber nichts ist unabwendbar. Es liegt an uns.

A:

Sie haben schon vor Jahren gesagt, die AfD werde sich auflösen.

Schäuble:

Das war 2015. Und nachdem wir damals die Euro-Krise gelöst hatten, aus der sie politisch entstanden ist, war die AfD fast weg. Dann kam die Flüchtlingskrise.

A:

Wird man eines Tages sagen, Angela Merkel hat über der Flüchtlingskrise und der AfD die Kontrolle über ihre Kanzlerschaft verloren?

Schäuble:

Ich glaube das nicht. Sie hat in der konkreten Situation im September 2015 richtig gehandelt. Danach gab es ein kommunikatives Problem, weil die Willkommenskultur gegenüber den Flüchtlingen weltweit als Signal einer dauerhaften Öffnung missverstanden wurde. Seitdem wurde vieles verändert, sodass wir heute eine deutlich entspanntere Lage haben.

B:

Aber Merkel musste am Ende den Parteivorsitz abgeben.

Schäuble:

Natürlich war der Herbst 2015 ein Wendepunkt. Aber das Aufkommen der AfD hat nicht nur mit der Migrationskrise zu tun. Zum Beispiel hätte nach dem Scheitern der Jamaica-Verhandlungen Anfang 2018 eine Minderheitsregierung die AfD kleiner halten können als eine weitere Große Koalition, die beiden Volksparteien sichtlich nicht gut tut.

B:

Ihr Favorit für den CDU-Vorsitz war Friedrich Merz, er sei »das Beste für das Land«. Warum?

Schäuble:

Meine Meinung vor dem Parteitag war, dass ein Friedrich Merz die demokratische Auseinandersetzung stärker in die Mitte rücken und so die politischen Ränder schwächen würde.

B:

Kommt die Debatte zurück, wenn die Wahlen 2019 für die CDU schief gehen?

Schäuble:

Wenn es bei den Wahlen weiter nicht gut läuft, wird es nach aller Erfahrung eine neue Führungs-Debatte geben. Aber den Parteivorsitz kann Frau Merkel ja kein zweites Mal aufgeben …

A:

Ganz grundsätzlich: Lässt sich die AfD als Partei auf der üblichen Links-rechts-Skala fixieren? Oder ist sie eine Partei neuen Typus?

Schäuble:

Ach, links-rechts, das hat schon Heiner Geißler »Gesäßgeographie« genannt, das taugt seit langem nicht mehr und für die AfD schon gar nicht. Nehmen Sie nur Herrn Gaulands außenpolitische Vorstellungen, die scheinen aus den Zeiten des 19. Jahrhunderts zu stammen. Ansonsten beutet die AfD die wachsenden Sorgen mancher Menschen wegen einer Minderheit für ihre politischen Zwecke aus. Das kann ich nicht akzeptieren. Ein Trauermarsch für jeden Toten ist in Ordnung. Ein

Trauermarsch nur dann, wenn der Täter ein Flüchtling ist – das ist nicht in Ordnung.

B:

Gibt es für Sie ein Szenario, in dem die AfD koalitionsfähig wird?

Schäuble:

Selbst wenn sich die AfD von den Neonazis und deren strafbaren Aktivitäten besser abgrenzt, dann bleibt ja weiter, dass sie den Menschen nicht die Ängste nehmen, sondern sie schüren will. Das ist das Gegenteil von verantwortlicher Politik, das ist nicht koalitionsfähig.

A:

Genau das ist das politische Geschäftsmodell der AfD. Das kann sie gar nicht aufgeben.

Schäuble:

Dann rate ich den Leuten: Hört auf, diese Partei zu wählen.

B:

Das ist doch ein Witz. Wenn die AfD und die Linkspartei nicht koalitionsfähig sind, müssen Sie am Ende alle anderen Parteien zusammenfegen, um überhaupt eine Regierungsmehrheit zu haben. Und bei der nächsten Wahl werden die Ränder dann noch stärker. Wäre es nicht klüger, die AfD im parlamentarischen Betrieb zu einer Partei zu erziehen, die objektiv koalitionsfähig ist?

Schäuble:

Nein, besser wäre es, die großen Volksparteien wären mit ihrer Integrationskraft in der Lage, die Wähler der AfD wieder zurückzuholen. Zumindest die, die AfD nur wählen, um Gehör zu finden. Da haben die Volksparteien eine lange Reihe von Fehlern zu korrigieren.

B:

Haben SPD und CDU/CSU so, wie sie heute sind, dazu noch die Kraft?

Schäuble:

Die Sozialdemokraten haben es derzeit wirklich nicht leicht, aber auch die großen bürgerlichen Parteien geraten in Schwierigkeiten. Den beiden Volksparteien droht die Fähigkeit abhanden zu kommen, aus der Mitte heraus die Gesellschaft zusammenzuhalten. 70 Jahre Volksparteien ist geschichtlich eine lange Zeit.

A:

Bislang war die Geschichte der Bundesrepublik eine Geschichte des Fortschritts: stetig mehr Liberalität, mehr Wohlstand und immer stabil. Stehen wir jetzt erstmals vor einem großen Rückschritt? Haben Sie vor den nächsten zehn Jahren in Deutschland Angst?

Schäuble:

Angst ist ein Begriff, den ich für die Politik nicht akzeptiere.

B:

Dann anders gefragt: Wenn die Ära Merkel eines Tages endet, kommt dann ein normaler Wechsel wie von Brandt zu Schmidt oder wie von Kohl zu Schröder? Oder etwas viel Grundsätzlicheres?

Schäuble:

Es wird vielleicht ein größerer und härterer Umbruch, die komplette politische Landschaft könnte sich verändern. Natürlich waren auch früher manche Wechsel disruptiv, aber sie gingen über längere Zeit vonstatten als heute. Die Gesellschaft hatte mehr Zeit, sich mit Veränderungen auseinanderzusetzen, das war gut.

B:

War die Gesellschaft früher zufriedener und gerechter als heute?

Schäuble:

Nein, das glaube ich nicht. Aber die Globalisierung hat die Unterschiede zwischen bestimmten Gruppen deutlich vergrößert.

B:

Wie definieren Sie »Unten« als eine dieser Gruppen?

Schäuble:

Unten ist, wer in unserem Bildungssystem keine Chance und keine Hilfe bekommt. Unten sind die, die sich in der modernen Welt ganz allgemein verloren fühlen, oder die, die sich auf dem flachen Land abgehängt vorkommen, weil alle Jungen weggezogen sind und der Bus nur noch einmal pro Tag fährt.

B:

Gehören nicht auch die dazu, denen es gut geht, die in einer funktionierenden Stadt leben, aber sagen: Die da oben in der Politik spinnen allesamt und haben uns vergessen. Wer »die da oben« sagt, der sieht sich doch selbst als Unten, oder?

Schäuble:

Ja, die gibt es auch. Die AfD wirbt um diese Gruppe, und, ja, das ist eine neue Form von »Unten«, um Ihren Begriff aufzunehmen. Aber man darf diesen Menschen nicht zustimmen.

A:

Waren die wachsenden Unterschiede unvermeidbar?

Schäuble:

Das fragen sich linke Theoretiker seit ewigen Zeiten, aber sie finden keine Antwort. Ich sehe nicht, wie man das hätte vermeiden können. Das Schwungrad der Finanzmärkte ist zu stark.

A:

Wie lange kann das gut gehen?

Schäuble:

Es gibt ja Wege, die Gesellschaft gerechter zu machen. Früh im Leben müssen die Chancen fair verteilt sein. Darum müssen wir viel mehr in Bildung stecken, in die Kitas, in die Vorschulen, in die Ganztages-Betreuung in Grundschulen, obwohl ich da früher anderer Meinung war. Und was die Unterschiede weltweit angeht: Die müssen kleiner werden, sonst wollen am Ende alle zu uns kommen. Ich glaube, es wird uns gelingen. Die Globalisierung hat schon Hunderte Millionen Menschen weltweit aus der Armut geholt.

B:

Aber das ist doch der springende Punkt: Viele schreiben die Erfolge nicht mehr der Politik, der Marktwirtschaft oder gar der Globalisierung gut. Sie nehmen sie wahr, aber an ihrem Frust über »das System« ändert es nichts.

Schäuble:

Ja, das ist interessant. In Umfragen sagen die Leute, wie gut es Ihnen geht. Aber sie sagen auch, dass sie zum ersten Mal fürchten, ihren Kindern werde es nicht mehr so gut gehen. Wieso leiten die Leute aus ihrem großen Wohlstand ab, dass ihre Kinder weniger Wohlstand haben werden. Wieso, frage ich mich?

A:

Macht Ihnen das Angst?

Schäuble:

Das ist das zweite Mal, dass Sie mich nach Angst fragen, Herr Augstein. Nein, ich habe keine Angst. Ich bin 76 und meine Generation wird das vielleicht nicht mehr hinkriegen, aber die Jungen werden es. Demokratie und soziale Marktwirtschaft sind Systeme, die lernen und Fehler korrigieren können, darum sind sie ja unvergleichlich und so wunderbar. Ich bin nicht bereit zu resignieren.

5. DIE DEUTSCHE FRAGE: SOZIAL ODER NATIONAL?

Blome:

Hier geht das Buch zu Ende, lieber Augstein, das ist unser letztes Gespräch. Ich sage Ihnen: Gerecht, sozial gerecht, kann Deutschland nur bleiben, wenn dabei auch geklärt wird: Was ist deutsch? Wer ist deutsch? Und wer nicht? Unten, das sind nicht mehr allein die Armen, sondern auch die Fremden – und die aus der bürgerlichen Mitte, die sich von denen »da oben« verraten glauben, von den Politikern und den selbst ernannten Eliten. Die soziale Frage ist heute auch eine nationale Frage.

Augstein:

Sie meinen, es handelt es sich um eine national-soziale Frage? Nehmen Sie es mir nicht übel, aber ich fühle mich mit diesen Begriffen nicht wohl.

B:

Wir können auch Yin und Yang oder Dings und Bums sagen. Wenn Sie die Sache partout verhohnepipeln wollen …

A:

Es geht nicht um die Namen. Es geht um die damit bezeichneten Sachverhalte. National und sozial bezeichnen Handlungsräume politischen Wirkens. Mir geht es aber um die Macht. Die Macht transzendiert diese Räume. Wenn Sie sich auf die Räume konzentrieren, verlieren Sie die Macht aus den

Augen. Aber das geht nicht nur Ihnen so – die Debatte wird tatsächlich im ganzen Land in falschen Gegensätzen geführt.

B:

Sie können x-mal dekretieren, dass »die Debatte falsch geführt« wird – sie wird geführt. Ob individuell und objektiv zu Recht oder zu Unrecht: Bestimmte Gruppen fürchten oder ärgern sich; Armut, Abstieg, Ausländer, den Titel haben wir ja nicht umsonst gewählt. Das macht etwas mit den Menschen, die das im Alltag auf einmal miteinander verknüpfen. In einer Reportage der Süddeutschen wurde einmal über Bürgerversammlungen an sozialen Brennpunkten berichtet, da wurde, glaube ich, eine deutsche Frau zitiert: »Wir warten auf Zuschuss für Unterrichtsmaterial. Die Syrer haben schon alles beisammen, weil denen so viel gespendet wird. Mir spendet keiner was …« Dieser teuflische Satz »Für die tut ihr alles, für uns nichts« verbindet die Kategorien national und sozial, da können Sie machen, was sie wollen. Auch wenn er faktisch falsch ist.

A:

Ja, dieser Satz ist Unsinn, sachlich falsch. Die Frage ist doch, warum entfaltet er dennoch solche Wirkung. Es gibt verschiedene denkbare Antworten. Eine sagen wir mal altlinke wäre zum Beispiel, dass der Schoß immer noch fruchtbar ist und so weiter, dass also der Deutsche seine eigentliche Nazi-Fresse zeigt. Allerdings gelten da im Osten andere Maßstäbe als im Westen. 50 Jahre Demokratie oder Halbdiktatur, das macht eben einen Unterschied in der politischen Kultur. Die Angst, von der Sie sprechen, ist real. Ihre Ursache liegt aber nicht in der Migration, sondern in der sozialen Verunsicherung. Und es passt der Herrschaft ganz gut in den Kram, dass sich das auf die Ausländer umlenken lässt.

B:

Ah, jetzt geht mir ein Licht auf, Augstein. Angela Merkel hat die Grenzen für 1,5 Millionen Flüchtlinge 2015 und 2016 nicht geschlossen, um davon abzulenken, dass der Mindestlohn nur bei 8,50 Euro liegt und wir zwei Prozent arme Rentner haben. Alles gut unterm Aluhut?

A:

Sie machen Witze, aber ich gehe da gerne mit. Die wirksamsten Verschwörungen sind nicht die, für die sich Leute zusammensetzen und etwas im Geheimen verabreden – das ist banal und liegt hier nicht vor –, sondern die, in denen sich die Mitglieder einer bestimmten Gruppe von selbst und aus eigenem Interesse gleichgerichtet verhalten. Es sind die Strukturen, die sich verschwören, nicht die Individuen.

B:

Augstein, an dem Punkt waren wir schon. Sie machen immer denselben Denkfehler. Sie nehmen eine höchst umstrittene Schlussfolgerung – die Banken und der Kapitalismus sind der wahre Feind dieser Leute – und setzen sie als objektive Prämisse. Das ist ein klassischer Zirkelschluss. Wir streiten ja gerade darüber, was die wirklichen Probleme der unruhigen Gruppen sind: ihre soziale Lage oder ihre Angst vor Fremdheit.

A:

Blome, das ist doch gaga – je sicherer die soziale Lage, desto weniger beunruhigt die Migration. Das ist doch eine sozialpsychologische Binse. Leute, die keine Angst haben, haben auch keine Angst vor Fremden. Das Interessante ist doch, dass bei wachsender Wirtschaft die Angst der Menschen dennoch nicht abnimmt in Deutschland. Warum? Weil die Verbindung zwischen Wirtschaft und Menschen gerissen ist. Es kann der Wirtschaft gut gehen und dem Land dennoch schlecht. Das erleben wir gerade.

B:

Merken Sie etwas? Sie versuchen mit aller Kraft, die beiden Fragen getrennt zu halten, weil Sie ahnen, wie explosiv das Gemisch werden könnte. Aber wir brauchen die beiden Fragen, um zu verstehen, was da vor sich geht in der Gesellschaft. In Deutschland sind Rente, Jobs, Realeinkommen seit Jahren auf Rekordkurs, alles wächst, fast ein zweites Wirtschaftswunder. Trotzdem gärt Unbehagen in bestimmten Gruppen der Gesellschaft und gewiss nicht nur unter den sozial Schwachen. Im Jahr 2009, im tiefen Tal der Finanzkrise, sagten 28 Prozent bei einer Umfrage: Es geht »nicht gerecht« zu in Deutschland. Im Jahr 2016, nach sieben Jahren Daueraufschwung, waren es 59 Prozent. In Bayern hat es Ende 2018 die Staatspartei CSU für ihre Verhältnisse schier atomisiert, dabei gibt es kein erfolgreicheres Bundesland, da können Sie alle erdenklichen Kennzahlen nehmen. Woher kommen derart neue, mächtige Gefühle, die die Landschaft komplett umpflügen?

A:

Das wundert Sie wirklich? Gerade diese Wahl, an die Sie da erinnern, hat mich damals in meiner Auffassung bestärkt: *It's not the migration, stupid!* Wie panische Spieler hatten alle Parteien vor allem auf das Einwanderungs- und Identitätsthema gesetzt – nur die Grünen nicht. Und das hat der Wähler offensichtlich belohnt. Und außerdem sind die Grünen natürlich nach wie vor die einzige Partei, die überzeugend für ein Thema steht, das offenbar den Leuten viel wichtiger ist, als die Politiker sich vorstellen können: Ökologie. Wenn die Grünen die SPD als halbe Volkspartei ablösen, dann ist das auch ein Zeichen für die Spaltung der Gesellschaft und dafür, dass von der linken Politik nur noch der progressive Anteil erfolgversprechend ist, nicht mehr der Gerechtigkeitsanteil. Denn man muss schon Geld haben, wenn man Grün wählt – und nicht auf Umverteilungspolitik hoffen, um es zu bekommen.

B:

Augstein, die AfD hat bei den Landtagswahlen ebenfalls blendend abgeschnitten, das unterschlagen sie. Es sind die beiden Gefühlsparteien, die da gewinnen, das ist der Punkt. Die Grünen, da haben Sie recht, sind die Gefühlspartei für die oben, und die AfD überwiegend für die unten. Mal sehen, wie das nach dem Ende der Ära Merkel weitergeht. Am mangelnden Geld für Umverteilung wird es nicht scheitern, das ist ja da: Aber entweder es wird mit der Gießkanne ausgegeben, sodass der Einzelne nicht viel davon merkt. Oder es kommt nicht an, wo es hin soll, weil es in der Bürokratie klemmt wie bei den Schulsanierungen. Erinnern Sie sich an das Gespräch mit Wolfgang Schäuble? »Wir kriegen nichts mehr hin«, hat er gesagt. »Die neue deutsche Schwäche heißt Umsetzung.« Aber selbst das erklärt es nicht allein.

A:

Da sehen Sie die Schizophrenie der Politik. Wolfgang Schäuble, der Prediger der Schwarzen Null, klagt darüber, dass wir nichts mehr hinkriegen. Kein Wunder, würde ich sagen, wenn man den Staat so zusammenspart, dass er quietscht. Der Staat fühlt sich doch heute nach seinem ganzen Selbstverständnis für Gesellschaftsgestaltung gar nicht mehr zuständig. Da entsteht eine paradoxe, für die Politik, die Demokratie, extrem gefährliche Situation: Die Leute blicken erwartungsvoll auf den

Staat, auf die Verwaltung, die Ämter und wollen, dass man sich um ihre Probleme kümmert – aber da zuckt man nur hilflos mit den Achseln.

B:

Das stimmt nicht. Das Problem ist nicht, dass der Staat bestimmte Dinge nicht mehr tun soll oder nicht mehr tun darf. Sondern dass er bestimmte Dinge nicht mehr tut, die er sehr wohl tun könnte. Die Gesetze sind da, das Geld ist da, aber die Probleme werden nicht gelöst, vom sanierungsbedürftigen Schulklo bis zur Abschiebung rechtskräftig abgelehnter Asylsuchender. Im schönen deutschen Wort »Vollzugsdefizit« kommen also soziale und Zuwanderungsprobleme auch schon wieder zusammen. Angela Merkel hatte zur zentralen Aufgabe der Großen Koalition am Beginn gesagt: »Die Leute wollen, dass das Land funktioniert.«

A:

Blome, wenn der Satz richtig ist: Für jemanden mit 5000 Euro im Monat bedeutet Multikulturalismus etwas anderes als für jemand mit 1000 Euro – dann muss der Staat dem Menschen, der 1000 Euro hat, beim Multikulturalismus helfen, denn es ist keine Option, ihn davor zu bewahren oder zu schützen. Wenn Sie »Multikulti« sagen, meinen Sie etwas, das gescheitert ist – da stimme ich Ihnen zu. Denn das Wort ist eine Chiffre für die naive Idee einer friedlichen und reibungslosen Migrationsgeschichte. Multikulti ist tot. Aber Multikulturalismus ist eine Realität, mit der wir leben lernen müssen. Für den ungarischen Weg sind wir zu groß und zu abhängig vom Rest der Welt. Abschottung ist für uns keine Option. Oder anders, damit auch Sie das verstehen: Es gibt für Deutschland eben keinen Gegensatz zwischen national und sozial.

B:

Wissen Sie, was das Schlimme ist? Victor Orbán ist heute ein völkischer Politiker der übelsten Sorte, dabei war er einmal ein echter konservativer Liberaler, der Helmut Kohl verehrte. Aber egal. In der großen Bertelsmann-Studie nach der Bundestagswahl 2017 stand: »Die AfD wurde ganz überwiegend von Menschen gewählt, die der sozialen und kulturellen Modernisierung zumindest skeptisch gegenüberstehen.« Sozial und kulturell.

A:

Ja, eben. Das Unbehagen an der globalisierten Moderne entsteht aus der Angst vor Kontrollverlust. In Hamburg haben sieben von zehn Menschen große oder sehr große Sorgen, sie könnten sich das Leben in ihrer Stadt in Zukunft nicht mehr leisten. Angst, die eigene Wohnung zu verlieren, weil die Mieten zu hoch werden. Diesen Leuten rückt ein internationaler Immobilienmarkt auf die Pelle, und die Politik lässt das geschehen – aus einer Mischung aus lebensferner Marktideologie und administrativer Unfähigkeit heraus.

B:

Miet-Wahnsinn ist tatsächlich ein interessantes Beispiel. Warum sind die Politiker 2016/17 nicht auf allen politischen Ebenen hingegangen und haben den Wählern gesagt: Eines garantieren wir Euch. Wegen der Flüchtlinge werden die Mieten nicht steigen. Und für jede Wohnung, die wir für einen Flüchtling renovieren, renovieren wir eine für sozial Schwache obendrauf? Das hätte ich mir als staatlichen Eingriff gefallen lassen. Aber der Staat sollte bitte nicht probieren, den Marktpreis Miete umfassend zu bestimmen. Das schafft er nicht zu vernünftigen Bedingungen, da richtet er mehr Schaden an, als dass er Nutzen stiftet. Aus dem Alter, wo Sie immer alles gleich verstaatlichen wollten, sind Sie inzwischen doch raus, oder?

A:

Blome, die Lage ist ernst. Der Kapitalismus macht die Städte kaputt. Da wohnen aber die Menschen, verstehen Sie? Im Londoner Luxusviertel Mayfair gibt es Häuser, in deren oberen Etagen wohnt gar niemand, weil es sich für die Firmen, die unten ihre Shops haben, gar nicht lohnt, an echte Menschen zu vermieten. Da wird die Stadt zur Kulisse des Kapitalismus. Natürlich kann der Staat dagegen vorgehen. In der Schweiz können Sie als Ausländer gar nicht ohne Weiteres Immobilien kaufen, weil es dagegen Gesetze gibt. Und die Schweiz ist nicht direkt ein sozialistisches Land. Ihr Marktradikalismus hat unfassbare Schäden angerichtet, erkennen Sie das doch endlich mal an. Unser Problem ist doch nicht das Vollzugsdefizit des Staates – sondern der Mangel an politischem Willen und das Übermaß an Lethargie.

B:

Apropos lethargische Politiker. Ich sag Ihnen ein Beispiel, das Ihnen nicht gefallen wird, wo sich national und sozial aber schon wieder verquicken. Der deutsche Staat gibt pro Jahr rund 36 Milliarden Euro Kindergeld für insgesamt 15 Millionen Kinder aus. 340 Millionen davon fließen an Kinder, die im Ausland leben, aber zum Beispiel in Polen oder Bulgarien zu viel niedrigeren Lebenshaltungskosten als in Deutschland. Wohl gemerkt, das ist rechtens, aber müssen wir mit deutschem Kindergeld für in Rumänien lebende Kinder die dortigen Großeltern mitfinanzieren? Das war doch nicht der Sinn. Die EU-Kommission verbietet eine Staffelung, die Bundesregierung findet sich ab, aber der österreichische Kanzler Kurz macht es trotzdem und lässt sich vor dem EuGH verklagen. Er verbindet sozial und national und macht die Wut der Leute zum Plebiszit über den europäischen Rechtsstaat. Wenn wir nicht aufpassen, kriegen wir davon mehr, als wir uns beide wünschen.

A:

Ja, das ist wirklich ein gutes Beispiel für dysfunktionale Politik. Auch wenn der Österreicher Kurz populistische Motive für seine Initiative hatte, war sie doch inhaltlich richtig. Es ist immer wieder bemerkenswert, wie duldsam die Deutschen sind. Sie verlangen von ihren Politikern nicht vehement genug nach Lösungen. Sie geben sich zu schnell zufrieden, sie resignieren total, oder aber sie driften ab. Stattdessen sollten sie sich lieber selbstbewusst im demokratischen Streit üben. Darum können die Politiker ja auch einfach immer so weitermachen. Wenn die SPD bei 17 Prozent landet und die CDU bei 25, dann nimmt man eben noch die Grünen mit in die Regierung oder die FDP, auch egal. Auf Dauer läuft das auf Politikzerstörung hinaus.

B:

Da bin ich ähnlich skeptisch wie Sie, die Stimmung droht zu kippen. Noch nicht in der breiten Mitte, weil die breite Mitte nach wie vor jemandem Vernünftigen vertrauen will und vielleicht nur an der ewigen Regentschaft Angela Merkels müde wurde. Aber auch diese Schicht ist nicht ewig immun, fürchte ich. Bei ganz klar identifizierbaren Neonazi-Aufmärschen sind heute kleinbürgerliche Nicht-Neonazis dabei. Deren Wut ist größer als ihre Scham, mit dem rechtsextremen Pöbel mitzulaufen, das ist beängstigend. Wissen Sie, was der sogenannte Vordenker der Neuen Rechten sagt, Götz Kubitschek? Der Riss durch die Gesellschaft »muss noch tiefer werden«. Das Motto der Identitären in den USA, der Alt-Right, heißt: »Vielfalt plus räumliche Nähe gleich Krieg«. Die träumen vom Umsturz, und wir schauen zu. Ich bin von so einem mal auf der Straße erkannt und angesprochen worden, da wird Ihnen richtig kalt.

A:

Nicht alle. Sahra Wagenknecht hat ja versucht, mit der Sammlungsbewegung zu reagieren. Überhaupt ist es interessant, dass dieser Konflikt zwischen national und sozial, über den wir hier sprechen, nur in einer einzigen Partei ausdrücklich ausgefochten wird: nämlich in der Linkspartei. Und zwar bis zum Punkt des Zerreißens. Ich halte das, wie Sie sich denken können, für falsch – weil für mich national und sozial zwei Seiten einer Medaille sind. Man kann aber daran ganz gut sehen, dass die Parteien die politischen Sentiments der Menschen nicht mehr richtig bündeln und abbilden können.

B:

Das stimmt. Das von links bis rechts fein säuberlich abgetragene Spektrum lässt sich auf unsere Frage nicht mehr gut anlegen. Sahra Wagenknecht ist Anti-Kapitalismus verbunden mit einem sehr besitzstandswahrenden, national-konservativen Gesellschaftsbild. Das ist schon eine dreiste Mischung, aber eines stimmt: Die Linke muss höllisch aufpassen, dass die Neue Rechte und die AfD nicht ihre Erzählung kapern, Anwalt der kleinen Leute zu sein. Die SPD hat das exemplarisch verschlafen. Sie wäre die gottgegebene Schutzmacht derer, die sich wegen Globalisierung und Migration gleichermaßen sorgen. Sie wäre der Anwalt derer, die dank Globalisierung und inmitten von Migration aufsteigen wollen und den Sozialstaat retten könnten – meinetwegen gegen die Ultraliberalen, aber eben auch gegen ein Übermaß an falscher Zuwanderung in eben diesen Sozialstaat. Das Traurige ist: Verstanden haben das in der SPD nur die Kommunalpolitiker. Denen die Damen und Herren in der Berliner Parteizentrale aber sehr gern provinzielle Piefigkeit vorwerfen.

A:

Es ist interessant, dass Sie das erwähnen: Der Konflikt zwischen Peripherie und Zentrum spielt sich eben auch in den Parteien ab. Aber ich bleibe dabei: Dass wir überhaupt in der Kategorie national denken, ist eine Folge des neuen Populismus. Und der Populismus ist ein Krisenzeichen des kapitalistischen Systems nach der Bankenkrise 2008. Das Wort national taugt für mich nicht als analytische Kategorie.

B:

Wenn Sie dieses Wort aussortieren, werden Sie den Bezug zu ganz vielen verlieren, die ohne diese Kategorie nicht – oder nicht länger – diskutieren wollen. Die Rettung des Euro nach der Finanzkrise musste national organisiert werden, das erkannt und durchgesetzt zu haben, ist übrigens Angela Merkels ganz großer, bleibender Verdienst.

Was an Milliardeneinsatz dafür nötig war, hätten Sie nie allein europäisch legitimieren können, dazu brauchte es die nationalen Parlamente. Noch einmal: Sozial, gerecht und im besten Sinne europäisch kann Deutschland nur sein, wenn auch geklärt ist: Was ist deutsch und wie viel Zuwanderung verträgt das Land?

A:

Aber Blome, die Zeiten, wo sich das so einfach – und zur Zufriedenheit aller – klären ließ, sind nun mal vorbei. Sie suchen nach Grenzen in einer grenzenlosen Welt. Die Erde ist eine Kugel, da gibt es keine Grenzen.

B:

Die Welt ist grenzenlos, die Welt ist rund, was heißt denn das? *Anything goes?* Die Zeiten scheinen mir auch vorbei. »Es gibt keine Grenzen« heißt im liberalen Sinn: Du kannst alles schaffen. Aber es heißt eben auch: Es kann dir alles widerfahren, vom Absturz im eigenen Beruf bis zur Fremdheit im eigenen Land. Mir persönlich macht das keine Angst. Aber vielen Leuten ist diese Entgrenzung der Lebensmöglichkeiten und -risiken offenbar zu weit gegangen. Die müssen wir trotzdem an Bord halten. Dazu braucht es eine aufs Nationale zugeschnittene Antwort von Begrenzung. Und zwar ohne nationalistisch oder fremdenfeindlich zu werden und ohne die Globalisierung zu zerstören, die das Fundament des Wohlstands ist.

A:

Wissen Sie, was Böhmen am Meer ist?

B:

Nein.

A:

Das nennt man ein Adynaton – etwas, das einfach unmöglich ist. Die Vorteile der Grenzenlosigkeit zu ernten, dabei aber die Sicherheit der Grenzen zu genießen – das wird nichts werden. Die Engländer lernen das gerade. Das sollten wir uns ersparen, oder?

Blome:

So saublöd, wie die Briten das angestellt haben, geht es natürlich nicht. In einer schrankenlosen, gemeinsam verfassten, demokratischen Europäischen Union gehören offene Grenzen und Binnenwanderung dazu, das ist auch gut so. Aber die

Zuwanderung aus kulturell und religiös völlig anderen Räumen und Zusammenhängen, die können Sie sehr wohl steuern und von der Globalisierung der Güter trennen. Warum soll massenhafte Zuwanderung aus Afghanistan zwangsläufig die andere Seite von massenhaftem Handelsverkehr mit Afghanistan sein?

A:

Die Antwort lautet mit einem Wort: Wirklichkeit. Globalisierung bedeutet, dass jeder Afghane – sobald er einen Sendemast in seinem Tal hat – sehen kann, wie es im Rest der Welt aussieht. Und dann macht sich der eine oder andere auf den Weg. Was soll mit diesen Leuten geschehen? Unsere eigenen Werte zwingen uns, in ihnen Mitmenschen zu sehen, denen wir den Wunsch nach einem besseren Leben nicht verübeln können – wir müssen ihn nicht unbedingt erfüllen, aber wir sind damit konfrontiert, wir können uns dem nicht entziehen. Und außerdem dürfen wir sie noch aus einem anderen Grund nicht ohne Weiteres zurückweisen: In Wirklichkeit ist die Globalisierung keine faire Angelegenheit, da herrschen nicht die Regeln des offenen Wettbewerbs, die Sie an der Universität in Bonn gelernt haben. Es herrscht ein vom Westen dominiertes Abhängigkeitsverhältnis, es herrscht Ausbeutung.

B:

Sie reden von Werten. Sie haben recht, darum wird es am Ende gehen. Weltoffenheit und Mitmenschlichkeit sind Werte, die wir unbedingt hochhalten sollten. Aber Stabilität, nationale Kultur und sozialer Zusammenhalt sind auch Werte. Oder Demokratie und Gleichberechtigung von Mann und Frau. Was, lieber Augstein, wenn bestimmte Werte in Gegensatz treten? Das mag Theorie sein oder apokalytische Prognose wie bei den Sarrazins dieser Welt, aber das ist es nicht nur: Wenn zu viele

Menschen ins Land kämen, die vom derzeitigen Frauenbild des Islam nicht lassen wollen, dann bringen sie die hier erreichte Emanzipation der Frau in Gefahr.

A:

Schon verstanden. Ich habe dazu mehrere Haltungen gleichzeitig. Eine habe ich weiter oben in einem unserer Gespräche schon angedeutet: Deutschland als neues Amerika, ein *German dream,* ein deutscher Traum von einem Einwanderungsland, das allen offensteht, die ihr Glück suchen und sich an die Regeln halten. Das würde allerdings eine radikale Abkehr vom herkömmlichen Sozialstaat bedeuten. Mich fasziniert diese Vorstellung, das Dynamische, das Zukunftsoffene – aber ich bin mir im Klaren darüber, dass die deutsche Tradition eine andere ist. Also, wenn man den Konflikt zwischen sozial und national nicht dadurch lösen will, dass man sozusagen beides auf einmal abschafft, wird man einen Ausgleich finden müssen. Der kann nur darin bestehen, so viel Sozialstaat wie möglich und so viel Migration wie möglich. Und wir sind da weit unter unseren Möglichkeiten. Anders gesagt: Man kann eine Menge Sozialstaat mit einer Menge Migration haben.

B:

Das ist ein klares Wort. Immerhin wissen wir nun, wo wir stehen, vielleicht stellvertretend für zwei Lager im Land. Denn ich sage: So viel Sozialstaat wie nötig und vor allem: Nur so viel Migration wie nötig. Ganz ehrlich, ich fürchte, es wird schon schwer genug werden, diese Formel zu halten. Unruhige Zeiten liegen vor uns.

A:

Blome, das stehen wir zusammen durch!

6. ANGELA MERKEL – WAS BLEIBT?

Augstein:

Wenn Angela Merkel eines Tages ganz geht, dann wird nur deshalb kein Seufzer der Erleichterung durchs Land gehen, weil die Leute sich eine Zeit ohne Merkel gar nicht mehr vorstellen können – obwohl sie dieser Frau in Wahrheit schon lange überdrüssig sind. Für die Demokratie ist das die schlechteste denkbare Variante.

Merkel hat sich selbst überlebt, auch darin eine gelehrige Schülerin Kohls. Sie hätte im Jahr 2017 nicht noch einmal antreten dürfen. Da vom ersten Tag an klar war, dass diese Amtszeit ihre letzte sein würde, lief seit dem ersten Tag die Suche nach der Nachfolge. So aber konnte Merkel das Land nicht mehr regieren. Wenn das Ende der Macht in Sicht ist, ist die Macht am Ende.

Als Merkel sich zu einer neuen Kandidatur bekannte, hieß es, ihr Verantwortungsgefühl habe sie bewogen weiterzumachen. Es hätte sie bewegen müssen aufzuhören. Der Glaube, unersetzbar zu sein, ist eine ungeheuerliche Hybris. Man will ein Übel abwenden – und beschwört es dadurch herauf. Aus diesem Stoff werden Tragödien gewoben.

Aber es hat sich ja nicht nur die Kanzlerin an ihr Amt geklammert – es haben sich auch viele Deutsche an die Kanzlerin geklammert. Und das ist schlimmer. Es ist ein bisschen, als seien Merkels Wähler so lange mit ihrem Dogma von der Alternativlosigkeit beschallt worden, dass es bei ihnen zu gleichsam hirnorganischen Veränderung gekommen ist: Die Leute ▼

Blome:

Anders als sonst zeigt Kollege Augstein an dieser Stelle ein gewisses Maß an Größe: Er erinnert nicht daran, dass ich 2013 in einem Buch über Angela Merkel prognostiziert habe, sie werde 2015 zurücktreten – als Erste in der Reihe der Nachkriegskanzler freiwillig. Ich hatte das guten Gewissens geschrieben, weil alle Wichtigen in Regierung und CDU, bis hinein in ihr engstes Umfeld, meiner Kenntnis nach genau davon ausgingen. Aber es kam anders, *shame on me.*

Nur so viel, und es ist keine Rechthaberei (okay, ein bisschen): 2015 zu gehen, wäre besser gewesen. Aber es sollte nicht sein, es war im engeren Sinne tragisch: der Zwang, das Falsche zu tun und vermutlich auch darum zu wissen. Auf dem Höhepunkt der Euro-Griechenland-Krise, ohne Pause anschließend die Flüchtlingskrise – und dann einfach verschwinden, zum eigenen Plaisir und um der eigenen Größe willen? Unmöglich für Angela Merkel, die so leidensfähig pflichtbewusst ist wie nur noch ein anderer weit und breit: Wolfgang Schäuble, der sie manches Mal in all den Jahren hätte stürzen können, es aber nicht tat. Sondern erst ganz am Ende die Strippen für ihre Nachfolge an der CDU-Spitze zog.

Was wird bleiben? Ein Konjunkturaufschwung fast so lang wie das Wirtschaftswunder, Beinah-Vollbeschäftigung, volle Kassen wie nie. Eine zur politischen Mitte hin modernisierte CDU als einzige verbliebene Volkspartei. Mehrere gemeisterte große Krisen

▼ und das zweimal gehaltene Versprechen, Deutschland

konnten sich eine Welt ohne Merkel gar nicht mehr vorstellen. Eine merkellose Welt machte ihnen Angst.

Das ist verblüffend. Denn die Welt, die Merkel hinterlässt, ist in vielerlei Hinsicht schlechter als die, die sie vorfand. Es ist unwahrscheinlich, dass die Kanzlerin dafür allein die Verantwortung trägt. Sie von jeder Verantwortung freizusprechen, ist aber abenteuerlich – und die Idee, ohne sie wäre alles noch schlimmer gekommen, reine Phantasie.

Welche Welt hinterlässt Merkel? Der Westen ist am Ende, Europa zerstritten, die Volksparteien in Deutschland sind geschwächt (Union) oder moribund (SPD), und dafür ist mit der AfD eine rechte bis rechtsextreme Kraft auf der politischen Bühne erschienen. Das sind die politischen Tatsachen. Die sozialen sind schlimmer: Die Ungleichheit in Deutschland hat zugenommen, die Ungerechtigkeit ist nicht kleiner geworden. Die Einkommen der ärmsten 40 Prozent der Deutschen sind seit der Jahrtausendwende deutlich gesunken, während die oberen zehn Prozent deutlich überdurchschnittlich wuchsen. Die untere Hälfte verfügt in Deutschland derzeit nur noch über 17 Prozent des Gesamteinkommens. Dieser Wert lag in den 60er Jahren noch bei rund einem Drittel.

Diese Zahlen sind längst bekannt. Wir alle lesen über sie inzwischen mit einem resignierten Seufzer hinweg. Aber wir müssen immer wieder darauf hinweisen. Wir dürfen sie nicht aus den Augen lassen. Es handelt sich da nicht um ein Naturgesetz. Sondern um das Gesetz des modernen, menschengemachten und menschenverachtenden Kapitalismus, dem sich die Politik auch in Deutschland nicht entschieden in den Weg gestellt hat.

Der gesellschaftlichen Spaltung folgt die politische: Der Aufstieg der Grünen spiegelt den Aufstieg der AfD. Hier eine werde stärker aus der Krise hervortreten, als es in sie hineinging. Aber auch eine fürchterlich unvollendete Krise, verlorenes Vertrauen in den Staat und den Vollzug seiner Gesetze. Es bleibt, ja, auch die AfD, eine in Teilen verrohte Republik, wenn nicht bald ein Wunder geschieht.

Und es werden die roten Linien dieser Kanzlerin bleiben, die eben doch welche hatte. Die Wichtigste ist: An Deutschland darf Europa nie scheitern, also im Zweifel lieber einen Schritt zurück als einen riskanten nach vorn – Griechenland blieb im Euro. Mit Ökonomen-Augen betrachtet war das falsch. Angela Merkel sah es durch eine andere Brille: durch die, mit der auch Helmut Kohl auf die Dinge geblickt hätte.

Merkels Abgang in Schwäche weist weit über sie hinaus. Nach Angela Merkel, unter ihrer Nachfolge, wird es vielleicht sogar um den inneren Frieden der Republik gehen. Wir reden über eine Gesellschaft, die womöglich nicht länger auf einem festen Fundament der Mitte mal nach links und mal nach rechts neigt. Wir reden über eine Gesellschaft, die sich in Teilen mit »Bewegungen« und »starken Männern« anfreunden könnte.

Niemand vor ihr hat Deutschland mit so ruhiger Hand regiert wie Angela Merkel. Sie entlässt es in unruhige Zeiten.

progressive Partei des guten Wohlstandsgewissens, dort eine der ressentimentgeladenen Angst. Und dazwischen stirbt die SPD. Sie hat es nicht anders verdient. Es kann schon sein, dass es historische Kräfte gibt, die den Niedergang der Sozialdemokratie beschleunigen. Aber die deutschen Sozialdemokraten haben sich alle Mühe gegeben, der Geschichte unter die Arme zu greifen.

All das ist Merkels Erbe. Wer weiß, was sie eigentlich wollte – außer der Macht natürlich. Aber sonst? Das wusste bei dieser Kanzlerin niemand. Denn das herausragendste Merkmal dieser Kanzlerin bestand immer darin, keine Agenda zu haben außer jener der Macht. Im Jahr 2011 habe ich geschrieben: »Sie bekämpft niemanden, weil man sich damit nur noch mehr Feinde schafft. Sie will nichts, weil jedes Wollen auch Verzicht bedeutet. Sie hat keine Visionen, weil Visionen verlangen, den Blick zu verengen.« Merkel erinnerte mich damals an die Cheshire Cat aus *Alice im Wunderland*: Sie löst sich in Luft auf, wenn man sie greifen will. Zurück bleibt nur ihr spöttisches Grinsen.

Ich halte Angela Merkel für eine traurige Pessimistin. Alles, was unter ihren Händen schlimmer wurde, hat sie mit dem stillen Gedanken begleitet: Es musste so kommen – während sie selber tätig daran mitwirkte, dass es so kam.

PERSONENREGISTER

SACHREGISTER